우리가 기다린 건 바로 우리다

우리가 기다린 건
바로 우리다

박권일
칼럼집

사계절

작가의 말

그럼에도, 나는 왜 쓰는가

강연장에서, 혹은 이메일로 가끔 질문을 받는다. "선생님처럼 작가가 되고 싶어요. 어떻게 준비해야 하나요?" 반쯤은 장난인 경우도 있지만 진지한 경우도 적지 않다. 어느 경우든 나는 정색하고 답한다. "당신의 재능에 달려 있습니다." 지레 오해하면 곤란하다. 여기서 '재능'은 당신이 생각하는 그 의미가 아닐 수 있다. 유명한 드라마 작가인 김은숙은, "저한테 재능이 있는지 모르겠어요"라고 고민하는 이에게 이렇게 말했다고 한다. "그럼 재능이 없는 거예요. 재능이 있으면 모를 수 없어요. 어떻게든 재능이 비집고 나와요. 주변에서 다 알아보고요. 너는 글을 잘 써, 너는 노래를 잘해, 달리기를 잘해. 그렇게 백번 넘게 들어봤어야 합니다. 한 번도 못 들어봤는데 혼자 몰래 글을 쓰고 싶었다? 그럼 재능이 없는 거예요. 빨리 그만둬야 합니다."

'스타 작가'다운, 굉장한 설득력이다. 다만, 내가 생각하는 글쓰기의 '재능'은 김은숙 작가의 그것과 기준이 좀 다르다. 김은숙 작가의 말로 판단해보면, 글쓰기 재능은 외재적 기준으로 평가된다. 많은 사람들이 선호하는 글쓰기 능력, 그것이 바로 김은숙 작가가 말하는 재능이다. 이 기준을 부정하는 건 아니지만, 나에게 글쓰기는 무엇보다 내재적인 일이다. 구체적으로 말해 작가란, '쓰지 않고는 못 배기는 몸'을 가진 사람이다. 일단 글을 쓰려는 욕망이 나의 내면에서 끓어올라야 한다. 그런 사람은 머리에 떠오르는 글감이 생기면 자다가도 벌떡 일어나 홀린 듯 글을 써내려 간다. 계속 글을 쓰지 못하면 몸이 아프기도 하다. 남들이 어떻게 평가하는가는 나중 문제다. 중요한 건 글을 쓰고 싶다는 강렬한 충동 drive이다.

물론 글쓰기 욕망이 별로 없음에도 한번 썼다 하면 기가 막힌 글을 뽑아내는 문장가들이 세상에는 존재한다. 가끔 그런 이들을 만났는데 당연하게도 이들은 오래 기억될 글을 남기지 못했다. 한편 뛰어난 작가들 혹은 성공한 작가들은 대부분 김은숙 씨가 말한 외재적 역량과 내가 말하는 내재적 충동을 동시에 갖춘 이들이다. 그들은 기본적으로 잘 쓰기도 하지만 무엇보다 쓰지 않고는 못 견디는 사람들이다. 내적 충동이 강하면 일단 생산력이 높다. 어쨌든 계속 쓰기 때문에 글의 질도 점점 올라간다.

나는 '스타 작가'가 아니다. 한국에서 시집보다 안 팔린다는 사회과학 논픽션을 쓴다. 세련된 문장을 쓰는 재주가 없으며, 주로 정치적 관점이 분명한 비평문을 쓴다. 종종 누군가를 실명으로 비판하기도 한다. 프리랜서 작가가 한국 땅에서 상업적으로 성공하는 가장 효과적인 방법은 무엇일까? 현실 정치와 무관한 감성 에세이를 쓰는 것이다. 그보다 더 빠른 방법은 기득권 거대 양당 어느 한쪽의 치어리더가 되는 것이다. 사회비평 중 특히 돈이 되는 것은 대개 거대 양당 중 한쪽의 입맛에 꼭 맞는 이른바 '부족주의tribalism 콘텐츠'다. 하지만 나는 작가가 된 이후 지금까지 기득권 정당과 그 스피커들, 극단적 정치 팬덤을 모두 직격해왔다. 기자 시절까지 포함하면 24년 동안 속칭 '모두까기 인형'으로 살았다. 그 덕에 인신공격과 살해 협박은 일상이었고 생계에도 적지 않은 지장이 있었다.

작가라는 직업 자체가 애당초 경제적 효용과 거리가 멀긴

하지만, 그중에서도 정치적 주류와 끊임없이 갈등하는 글을 쓰는 일은 한없이 비합리적인 선택이다. 그럼에도 불구하고, 나는 왜 쓰는가? 첫째, 나에게는 쓰지 않으면 못 배기는 내재적 충동이 있다. 둘째, 나에게는 글쓰기가 정치적 실천의 하나다. 내가 생각하는 정치란, '몫 없는 이의 몫'을 관철하는 과정이다. 정치가 이를 방기할 때, 약자가 착취당하고 모욕당할 때, 강자가 '약자 코스프레'를 할 때, 나는 분노를 참을 수 없다. 그 분노는 어김없이 글쓰기 충동과 결합한다. 요컨대 내 글쓰기의 원동력은 내재적 충동과 정치적 감정이다.

조지 오웰은 〈나는 왜 쓰는가〉라는 제목의 짧은 에세이에서 글 쓰는 동기를 똑똑해 보이고 싶은 허영심(이기심), 미학적 열정, 정치적 목적 등으로 구분했다. 그런데 오웰은 자신이 "맥없는 책을 쓰고 허튼소리에 현혹됐을 때는 어김없이 글에 정치적 목적이 결여되어 있었다"고 고백한다. 물론 내 글은 오웰에 견줄 수 없이 비루하지만, 딱 하나 공통점이 있다. 지금껏 내가 쓴 최악의 글은 모두 정치성이 탈색되고 문장에 치중한 글이었다.

2025년 한국은 위태롭고 절박하다. 극우세력이 내란을 일으켜 모두의 입을 틀어막으려 했다. 이들을 간신히 저지하고 나자 '민주화세력'을 자임하는 기득권 정당은 내란세력 잔당을 척결하는 게 먼저라며 이제는 약자의 입을 틀어막았다. '시기상조'라고, '나중에 하자'고, '가만히 있으라'고, '기다리라'고 한다. 하지만 단언컨대 문제가 그렇게 해결된 적은 단 한 번도 없었다. 어떤 대통령, 성군, 메시아도 우리를 구원할 수 없다. 우리를 구하는 건 오직 서로를 돌보는 마음과 그 마음으로 조직한 투쟁뿐이다.

2024년 12월 3일 비상계엄과 12월 21일 '남태령의 기적'을 떠올리면서 책 제목을《우리가 기다린 건 바로 우리다》로 정했다. 준 조던의 시구절로, 이 책에는〈세대 교체와 성분 교체〉라는 글에 인용되었다. 이 책은 나의 세 번째 칼럼집이다. 대부분《한겨레》기명칼럼 '다이내믹 도넛'에 가장 최근까지 실은 글이며, 몇몇은 페이스북에 올린 잡감雜感이다. 부디 여기 실린 글이 독자들께 새로운 질문과 담대한 상상을 불러일으킬 수 있기를 바란다.

2025년 여름, 박권일

들어가는 말

대통령, 아니 우리에게 거는 희망

2025년 6월 3일, 제21대 대선이 끝났다. 이재명 대통령이 잘해주길 당연히 바라면서 21대 대선이 한국 민주주의에 어떤 의미를 가지는지 짚고, 앞으로 무엇을 해야 할지 그려보자.

이번 대선은 19대 대선과 마찬가지로 탄핵 이후 조기 대선으로 실시됐다. 두 번의 탄핵 모두 보수우파 대통령 집권기에 일어났다. 특히 두 번째 탄핵은 현직 대통령이 위헌적 비상계엄을 선포하여 군대가 국회를 점령했다는 점, 그리고 대통령이 체포되자 그 지지자들이 물리력을 동원해 법원을 습격했다는 점에서 지금까지와 차원을 달리하는 사건이었다. 한마디로 한국 민주주의의 구조적 취약성이 그대로 드러났는데, 이는 크게 두 차원으로 나눌 수 있다.

첫째, 제도적 취약성이다. 12·3 내란을 통해 우리는, 대통령이 작정하고 '미친 짓'을 하면 이를 막아내기 쉽지 않음을 알게 됐다. 재발을 막으려면 대통령의 특수한 권력, 이른바 '비상대권'에 몇 겹의 안전장치가 더 필요하다. 또한 일부 군 지도부가 쿠데타에 적극 동참한 사실을 고려하면, 군에 대한 민간 통제 역시 지금보다 훨씬 강화될 필요가 있다. 또한 사법 엘리트가 법치의 근간인 '법 앞의 평등' 원칙을 일삼아 무너뜨리고 있다는 사실이 명백해졌다. 판사 지귀연이 전례 없는 '시간제' 계산법을 적용해 내란범 윤석열의 구속을 취소한 사건은 그 절정이었다. 즉, 대통령과 국가 엘리트들이 법치와 민주주의를 유린할 거라는 점을 '디폴트'(초기값)로 설정하고 제도를 다시 설계해야 한다.

둘째, 문화적 취약성이다. 민주주의는 제도가 있다고 자동으로 성숙하지 않는다. 세계의 많은 나라가 민주적 선거, 다당제, 삼권분립 등을 갖추고 있지만 오랫동안 민주주의가 진보하지 못하거나, 심지어 군부 쿠데타 등에 의해 전제주의 체제로 돌아가는 경우도 있다. 국민소득이 높은 나라는 대체로 민주주의 역시 성숙한 경우가 많지만, 싱가포르나 아랍 산유국 등은 민주주의 수준이 매우 낮다. 이는 민주주의의 질적 도약에 문화적 요인, 예를 들어 시민의 가치관 및 종교 등이 크게 작용하기 때문이다. 한국은 저들 나라와 다르지만, 그렇다고 '절차적·형식적 민주주의'를 넘어 '실질적·효과적 민주주의'로 안착한 것은 아니다. 한국은 2019년 영국경제분석기관 EIU에서 발표한 민주주의 지수 democracy index에서 딱 한 번 16위를 한 것 외에 최근 20년간 20~30위권을 맴돌며 지체되어 있다. 일본은 대체로 10~20위권이고, 대만은 2020년대부터 10위 안으로 진입해 계속 유지하는 중이다.

《한국의 능력주의》를 출간한 2021년까지만 해도, 나는 한국 민주주의가 질적으로 도약하지 못하는 요인이 제도보다 주로 문화에 있다고 생각했다. 세계가치관조사 등 여러 데이터를 직접 들여다본 결과, 한국인의 평균적 분배 인식이 민주공화정 이념과 극명하게 충돌하고 있음을 발견했기 때문이다. 특히 불평등 분배에 대한 유별난 선호 및 과도한 능력주의(불평등 지향)는 민주주의가 사회경제적 차원으로 심화되지 못하는 결정적 이유 중 하나로 추정되었다. 지금도 이 판단에 변함이 없지만, 내란 사태를 거치면서 한국 민주주의의 제도적 완결성이 생각보다 떨어진다는 사실을 절감하게 되었다. 한국 민주주의의 위기는 과도한 능력주의라는 문화적 특성에 더해, 엘리트의 사익 추구, 권한 남용을 효과적으로 통제하기 어렵다는 제도적 취약성이 동시에 발동한 결과다.

물론 민주주의의 구조적 취약성에도 불구하고 시민들은 끝내 내란을 막아냈다. 그것은 아무리 상찬해도 부족하다. 하지만 그렇게 '민주주의 마지노선'을 사수하는 싸움이 엄청난 사회적 비용과 피로감을 야기하는 것 또한 사실이다. 더 중요한 문제는 그런 싸움으로 인해 차별금지법, 불평등 완화를 위한 서민 지원과 부자 증세 등 시급한 사회 의제들이 증발해버렸다는 것이다. 이제 극우 대통령을 쫓아내고 자칭 "중도보수" 대통령을 뽑았으니 미뤄둔 문제들이 알아서 해결될까? 그럴 가능성이 낮다는 사실을 우리는 경험으로 안다. 그러므로 대통령에게 부탁할 게 아니라 대통령이 하도록 만들어야 한다. 시민이 주도하는 사회, 대전환의 개헌이 필요한 이유다.

차례

5	**작가의 말** 그럼에도, 나는 왜 쓰는가
10	**들어가는 말** 대통령, 아니 우리에게 거는 희망

분노가 잘 조절된 **사회**
다양한 옳음이 빛나는 **문화**

20	저널리즘의 오래된 미래
24	남성성은 어떻게 바뀔 수 있는가
28	있지만 없는 시민
32	'K-컬처'라는 아이러니
36	천장만 보는 사회
40	먹사니즘과 텍스트힙
44	카테고리에서 스펙트럼으로
48	원영적 사고와 승리적 관점 너머
52	민희진이 만든 이야기의 마법
56	팬덤 권력화의 그늘
60	'이대남'이 이상해진 이유
64	저출생 솔루션, 눈떠보니 헝가리

68	나의 서경식 순례
72	메갈리아의 세계 지배
76	작가는 노동자인가
80	나폴리 사람처럼
84	글쓰기의 어떤 윤리
88	어떤 지옥은 필요하다
92	교사 인권 침해와 소비자주의
96	도덕적 피로감의 쓸모
100	도서관 죽이기, 민주주의를 파괴하려는
104	'그쪽이야말로주의'를 넘어서
108	낚이는 인간, 배우는 기계
112	배고픈 건 참아도 배 아픈 건 못 참는
116	사회를 뒤덮은 소비자 프레임
120	20년 동안의 고통
124	노란봉투법 너머에 있는 것
128	카페에서 물건을 훔쳐가지 않는 나라
132	그놈의 '제2의 아무개' 타령
136	차별금지법, 가장 탁월한 시민 교육
140	토론의 즐거움

144	이준석 대 공화국
148	상인의 현실감각, 서생의 문제의식
152	'활성 이대남' 현상
156	셜록 홈즈적인 세계
160	다 죽기 전에 그만해!
164	'선진국'이라는 착각
168	시민이 군을 통제해야 한다
172	혼돈의 이유
176	노동시간, 더 줄여야 한다
180	잔혹한 공감, 그들만의 공정
184	수치를 쓴다는 것
188	망치에서 핀셋으로
192	국뽕의 함정
196	시민 미만의 존재
200	부족의 언어, 공감의 언어
204	메시지와 메신저
208	미안합니다, 오춰리 씨
212	이미 그런 사회가 된 것처럼

몫 없는 이의 몫을 위한
정치

- 216 잘 조준된 분노
- 220 '좌빨'이 법질서를 말하는 법
- 224 폭주하는 극우를 이기는 법
- 228 굳건함과 관대함
- 232 '어준석열 유니버스' 너머
- 236 아직 오지 않은 포퓰리즘
- 240 '300 대 0'의 의미
- 244 대통령께 자유를
- 248 정치 팬덤, 어떻게 볼 것인가
- 252 다시, 싱가포르 판타지
- 256 애도 없는 국가의 애도
- 260 요정 윤석열
- 264 정의당을 위한 변명
- 268 비호감 선거, 게으른 정치
- 272 아직도 모른다
- 276 토건정치 너머

280	그것은 민주주의가 아니다
284	옳음은 어떻게 추구되어야 하는가
288	세대 교체와 성분 교체
292	조국 사태는 당신이 누구인지 말해준다
303	참고문헌 및 미주
306	소개 도서

분노가 잘 조절된
사회
다양한 옳음이 빛나는
문화

저널리즘의 오래된 미래

2025-02-14

언론이 아프고 힘든 이들을 위로하고 돌볼 때, 사람들은 공동체 구성원으로 살아가고 있음을 실감하고 자신 또한 타인을 돌보겠다고 결심하게 된다. 그런 측면에서 이모티브 뉴스는 완전히 새로운 현상이 아니라 저널리즘의 '오래된 미래'다.

첫사랑이 잊히지 않는 건 '끝'을 보지 못했기 때문이다. 기자 일이 그랬다. 첫 직업인데 5년을 채우지 못했다. 저널리즘 전공으로 박사과정에 들어갈 때 스스로에게 물었다. "진짜 이 공부를 하고 싶은 거야, 아니면 기자 일에 미련이 남은 거야?" 대답은 '둘 다'였다. 솔직히 후자가 더 컸다. 특히 '기레기'라 욕먹는 옛 동료와 선후배들에게 "당신들은 결코 틀리지 않았다"고 힘주어 응원하고 싶었다.

기성 언론보다 유튜브를 신뢰한다고 말하는 사람들이 많아졌다. (어떤 자는 유튜브를 보다가 군사쿠데타를 일으켰다.) 물론 언론에 문제가 많은 것은 사실이다. 그러나 음모론과 궤변이 판치는 세상에서 그나마 '정신줄' 붙잡고 사실을 따져 물은 건 기성 언론이었다. 저널리즘은 정보를 전하거나 권력자의 비밀을 폭로하기만 하는 게 아니다. 고통받는 동료 시민을 위로하고 치유하며 새로운 공동체를 상상하기도 한다. 경천동지할 '단독'은 아닐지라도, 어떤 언론들은 아프고 억울한 사람들과 '보이지 않는 시민'의 서러움을 귀담아듣고 곡진히 어루만진다. 그 사실을 증명하기 위해 지난 늦여름, 저널리스트 스물한 명을 인터뷰해서 23만2천 자의 글을 썼다. 내 박사학위 논문은 현장에서 묵묵히 분투해온 모든 저널리스트에게 보내는 러브레터이자 오마주다.

테마는 '감정', 정확히는 '이모티브 뉴스 Emotive News'다. 그것은 '개인 또는 집단의 감정이 의식적으로 표현되고 적극적으로 해석되는 뉴스'로 정의된다. 공론장에서 감정은 대체로 객관적이지 못한 것, 나쁘거나 열등한 것으로 간주되어왔다. MBTI 성격유형에 빗대면 F, 즉 감정형은 나쁜 것이고 T, 즉 사고형은 좋다는 식의 이분법이다. 특히 언론에선 객관주의 규범이 지배적이다. 훈련된 기자일수록 팩트, 객관성을 금과옥조로 여기며 감정 표현은 최대한 지양하려 한다.

스피노자는 "감정이 이성으로는 통제될 수 없고 다른 강력한 감정으로만 제어될 수 있다"고 말했다. 극우 파시즘이 준동하는 현실에 이 통찰을 적용해보자. 감정을 흔드는 선동 앞에 논리적·계몽적 태도로만 일관하면 백전백패한다는 소리다. 디지털 미디어의 발달로 인한 스토리텔링 뉴스의 범람, 트럼프로 상징되는 포퓰리즘 등의 사회 변화는 저널리즘 연구에서 이른바 '감정적 전환Emotional Turn' 시대를 열었다. 감정 자체에 대한 인식도 바뀌고 있다. "너 T야?"라는 말처럼 공감 부족은 공공연한 비난의 이유가 된다. 약자 혐오적이고 진영논리적인 감정 서사가 범람하는 현실에서 이모티브 뉴스는 공적 가치를 재고하는 담론 전략에 중요한 시사점이 될 수 있다.

인터뷰 대상은 대부분 기자와 프로듀서였고 르포 작가도 있었다. 그들은 일하면서 습관적으로 질문을 던진다고 했다. '너무 내 감정에 취하진 않았나?' '객관적 사실들, 내 관점에 반하는 증거들까지 충분히 살펴보았나?' 결과물은 다정했지만 취재 과정은 엄밀했다. 이성을 감정으로 대체하는 대신, 그들은 사실을 수집하고 맥락을 파고들어 취약한 이들의 고통이 사회 구조와 어떤 관련이 있는지를 드러내고자 했다. 그 작업은 주관성으로의 함몰이 아니라 감정을 깊이 성찰해 다다른 객관성의 확장이었다. 그들은 공감하려는 의지 없이는 이성도 제대로 작동하지 않는다는 것을 체득하고 있었다.

인류학자 베네딕트 앤더슨은 근대 저널리즘이 그 탄생에서부터 "같은 감정 공동체에 속해 있음을 확인하는 의례"였다고 말했다. 언론학자 존 하틀리는 "근대 저널리즘의 진정한 기원"이 극소수 지식인의 고담준론이 실리던《더 타임스》같은 신문이 아니라, 수십만 부씩 팔려나갔던 18세기 영국의 포퍼 프레스pauper press('pauper' 즉 가난한 사람을 위한 저렴한 신문이며 평등과 해방을 지향하는 기사와 논설이 종종 실렸다)였다고 밝힌다.[1] 거기엔 인민의 기쁨과 슬픔이, 무엇보다 급진적 해방의 염원이 진솔하게 담겨 있었다. 언론이 아프고 힘든 이들을 위로하고 돌볼 때, 사람들은 공동체 구성원으로 살아가고 있음을 실감하고 자신 또한 타인을 돌보겠다고 결심하게 된다. 그런 측면에서 이모티브 뉴스는 완전히 새로운 현상이 아니라 저널리즘의 '오래된 미래'다. 그것은 진영논리에 갇힌 부족주의적 저널리즘과 공동체를 파괴하는 극우주의에 맞설 효과적인 수단이면서 동시에 언론의 신뢰를 회복하는 대안이 될 수 있다.

남성성은 어떻게 바뀔 수 있는가

2025-01-22

온라인 자아, 게임적 리얼리즘은 접촉과 현존의 문화에 매우 적대적인데('좆목질 금지'의 철칙!), 그 게임 커뮤니티 문화가 오늘날 젊은 남성에게 거의 절대적 영향을 끼치고 있다. 적어도 내 경험상 전형적인 남성성을 바꾸기 위해 그들의 논리적 문제를 지적하고 '올바른 시각'부터 가르치는 것은 별로 효과적이지 않았다.

전형적인 남성성이 바뀌기 위해서는 지식·교육·정보보다 밀도 있고 깊이 있는 '접촉'이 더 중요하다.

개인적인 이야기다. 80·90년대 부산에서 남중·남고, 그것도 사립 남중·남고를 나왔다는 것은 청소년기 6년 동안 쓰레기만도 못한 폭력적 남성성manhood에 푹 절여진다는 걸 의미한다. 미소지니misogyny, 능력주의, 힘 숭배는 또래뿐 아니라 학교 전체, 교사들에게도 만연해 있었다. 물론 도덕적인 어른, 진보적인 교육자가 없지 않았다. 그러나 그들은 내 생각을 단 1밀리그램도 바꾸지 못했다.

내 생각이 바뀌기 시작한 건 또래 여자아이들과 문학과 미술을 이야기하면서, 문화연구 책을 함께 읽으면서, 그리고 대학에서 여자 선배와 동기들(그들이 바로 최초의 '영 페미'다)에게 페미니즘을 배우면서, 오랫동안 연애를 하며 내밀한 대화를 나누게 되면서였다. 거의 '일베'나 다름없던 나의 남성성은 전혀 몰랐던 타자의 세계를, 그 고통을 깊이 접촉하며 비로소 바뀌었다.

그런데 이 접촉이 피상적이면 오히려 역효과를 낸다. 대충 알면 편견은 오히려 강화된다. 심리학자 고든 올포트는 이제 고전의 지위에 오른 저서 《편견》에서 탁월한 통찰들을 우리에게 전해주었는데, 그중 하나가 '타자와의 접촉'이 편견에 끼치는 영향에 대한 내용이다. 올포트는 타자에 대한 근거 없는 편견들이 그 타자와의 접촉을 통해 상당 부분 해소될 수 있다고 말한다. 편견을 품던 타자를 직접 만나면서 실제로는 그렇지 않음을 경험할 때, 막연히 상상하던 타자에 대한 부정적 인식들이 사라지는 경우가 많다는 것이다. 그런데 여기서 올포트는 한 가지 중요한 사실을 강조한다. 그러한 타자와의 접촉이 '피상적'일 때, 다시 말해 그냥 스쳐가거나 같은 공간을 점유하는 정도의 접촉일 때, 편견은 해소되지 않는다는 것이다. 오히려 그러한 접촉은 기존의 편견을 더 키울 가능성이 있다. 올포트는 흑인에 대한 강한 편견을 가진 백인은 지하철에서 만난 수많은 예의 바른 흑인보다 단 한 명의 무례한 흑인만을 기억할 가능성이 높다고 지적한다.

반면 접촉의 밀도와 해상도가 높아지면, 인간의 생각은 극적으로 바뀌기도 한다. 인식이 바뀌는 정도를 넘어 존재가 바뀐다. 그 순간을 사회학자 노먼 덴진은 '현시의 순간epiphanic moment'이라 불렀다. 일단 그 순간을 경험하면 다시는 이전으로 돌아갈 수 없다. 백골단에게 두들겨 맞고 피 흘리는 친구와 선배를 보면서, 흑골단[2]에게 쫓겨 종로 지하철역 철로를 미친 듯이 뛰어가면서, 여자가 담배를 피운다는 이유로 모르는 남자에게 뺨을 맞는 광경을 보면서, 나는 여러 번 현시의 순간을 경험했다. 지식, 교육, 정보도 중요하지만 그보다 중요한 건 '접촉'이며 '현시의 순간'이며 '현존presence'이다.

나는 지금의 젊은 여성과 젊은 남성의 이념이 이토록 다른 이유가 궁극적으로 여기에 있다고 생각한다. 특히 온라인 자아, 게임적 리얼리즘은 접촉과 현존 문화에 매우 적대적인데('좆목질 금지'의 철칙![3]), 그 게임 커뮤니티 문화가 오늘날 젊은 남성에게 거의 절대적 영향을 끼치고 있다. 적어도 내 경험상, 전형적인 남성성을 바꾸기 위해 그들의 논리적 문제를 지적하고 '올바른 시각'부터 가르치는 것은 별로 효과적이지 않았다.

    다만 오해는 말자. 논리적 비판은 필요하다. 그러나 그보다 선행해야 할 것이 있다는 뜻이다. 타자와 눈을 마주하고 깊이 대화하기. 불편한 사람들과 어떻게든 같은 공간에서 지내기. 그런 경험들, 그런 감정들, 그런 신체성이 먼저 있어야 비로소 계몽이, 교육이, 이성이 작동한다.

있지만 없는 시민

2024-11-28

그들은 한국에서 태어났거나 아주 어릴 때 부모를 따라 한국에 와서 한국 학교에 다니며 성장하지만 '공식적'으로는 존재하지 않는다. 이들은 팬데믹 시절 식당에서 QR코드 체크인하는 것부터 어려움을 겪었다. 수학여행 갈 때 보험 가입이 되지 않고, 자기 학교 인터넷 누리집에도 로그인하지 못한다.

예전부터 미등록 이주 아동이 존재한다는 사실은 알고 있었다. 하지만 내가 이 문제를 아는 척했을 뿐 실은 제대로 알지 못했다는 것을, 《있지만 없는 아이들》을 읽으며 깨달았다. 통계 수치나 정책에 관한 지식과, 고통받는 사람의 이야기를 직접 듣고 감정을 헤아려보는 것은 전혀 다른 차원의 앎이다. 이 책에서 르포 작가 은유는 이 땅에 살아 있지만 유령처럼 존재를 부정당한 이들의 기막힌 사연을 귀신 들린 영매처럼 토해냈다.

한국에서 태어난 페버 씨는 부모가 나이지리아 사람이다.

그런데 아버지가 나이지리아에 갔다가 돌아오지 못하는 바람에 가족의 체류 자격이 상실됐다. 그는 열여덟 살, 고3 때 현장실습생으로 일하다가 2017년 출입국관리사무소에 잡혀 들어갔다. 지병인 천식이 악화되자 엄마가 천식약을 넣어줬는데 보호소는 약을 전하지 않았다. 그는 고통과 공포에 떨며 50일간 감금되어 있다가 1,650명의 탄원서가 들어가면서 석방됐다. 그는 강제퇴거 명령에 소송을 제기해 승소했고 2018년 체류 자격을 얻었다. 페버 씨는 이렇게 말한다. "미등록 시절에는 나를 한국에 폐 끼치는 존재로 규정하다가, 비자가 나오고 합법이 되고 나니까 학교에서 제일 잘한다고 말해요. 왜 그랬을까요? 지금도 이해가 안 돼요."

몽골 출신인 인화 씨는 1996년에 이혼 후 다섯 살 아들 태완을 데리고 한국에 왔다. 태완 씨에게 엄마 인화 씨는 늘 신신당부했다. "넌 체류 자격이 없으니까 절대 싸우지 말고 화내지도 마." 원래 순했던 태완 씨는 더욱 순한 사람이 되었다. 이삿짐센터에서 일할 때 아저씨들이 억지로 술을 먹이고 발로 차도 그는 속으로 삭였다. 언제든 추방될 수 있다는 불안 속에서도 태완 씨는 열심히 공부해 좋은 성적으로 대학을 졸업했다. 그러던 지난 11월 8일, 회사에서 일하던 태완 씨가 갑자기 세상을 떠났다. 장비 끼임 사고였다. 사고 정황은 아직 조사 중이다. 분명한 것은 군포에 살던 그가 김제의 업체에서 일해야 했던 이유가 불안정한 체류 자격 때문이라는 점이다. 인구 감소 지역에 5년 이상 거주 시 바로 거주 비자를 주는 지역특화형 비자 제도가 있는데, 태완 씨는 이 때문에 아무 연고 없는 김제의 공장에 취업해야 했다.

한국엔 비슷한 사정의 아이들이 2만 명이나 있다. 그들은 한국에서 태어났거나 아주 어릴 때 부모를 따라 한국에 와서 한국 학교에 다니며 성장하지만 '공식적'으로는 존재하지 않는다. 이들은 팬데믹 시절 식당에서 QR코드 체크인하는 것부터 어려움을 겪었다. 수학여행 갈 때 보험 가입이 되지 않고, 자기 학교 인터넷 누리집에도 로그인하지 못한다. 만 열아홉 살이 되면 아는 사람 하나 없는 부모의 본국으로 송환될 처지에 놓인다.

이런 이야기를 하면 꼭 이렇게 말하는 자가 나타난다. "누가 한국에 와서 일하라고 칼 들고 협박했냐?" 그렇게 치면 타인의 거짓말, 법·제도의 오류나 오작동으로 인한 피해도 칼로 협박당한 건 아니니 전부 본인 잘못이고 책임이 된다. 이런 졸렬한 냉소가 유행하는 것 자체가 사회가 얼마나 병들었는지를 보여준다. 원래 이주노동자는 한국이 필요해서 불러들인 사람들이었고, 이들이 오랫동안 구멍 난 산업 현장을 메우고 지탱해왔다. 한국 농산물은 이제 이주노동자 없이는 식탁에 올라올 수 없다. 그런데 그들의 자녀, 한국어를 쓰며 한국인으로 자란 아이들에게 국가는 체류 자격조차 주지 않았다. 인권과 윤리를 말하기 전에, 한 줌 상도덕으로 따져도 파렴치하기 짝이 없다. (최근 법무부는 겨우 전향적인 조치를 취하기 시작했다.)

대한민국은 자기 땅에서 나고 자란 어린이를 이렇게 취급하면서 세계 최저 합계출산율에 "나라 망하게 생겼다"며 징징댄다. 혹시 '순혈' 한국인으로만 인구수를 채우자는 얘기일까? 순혈이란 개념부터가 성립하기 어려울뿐더러, 단언컨대 지금 체제가 유지되는 한 실현 불가능한 망상이다.

현실을 직시하자. 가난하다고, 가난한 나라에서 왔다고, 장애가 있다고 아무렇지 않게 사람을 무시하고 모욕해왔기에 이렇게 출생률이 '박살' 나버렸다. 지금 여기 함께 사는 사람들을 철저히 줄 세우고 차별했기 때문에 공동체가 글자 그대로 소멸할 위기에 처했다. 만약 한국이 지금 여기 함께 사는 사람을 귀하게 여긴다면, 그래서 '있지만 없는 시민'이 사라진다면, 그때는 출생률 같은 건 문제조차 되지 않을 것이다.

'K-컬처'라는 아이러니

2024-11-01

K-컬처는 국가폭력, 승자독식 능력주의, 유교적 가부장제, 살인적 노동착취 및 특유의 과로 문화가 없었다면 불가능했다. 동시에 K-컬처는 그 문제에 맞서 끈질기게 싸워온 사람들이 있었기에 또한 가능했다. 그렇게 K-컬처는 모두 함께 만든 공동체 문화이자 아이러니가 되었다.

한강의 노벨 문학상 수상 이후
한 서점에서 한강의 책으로 만든
트리를 장식해두었다.

대한민국이 드디어 노벨 문학상 보유국이 됐다. 직전까지 맨부커상, 아카데미 작품상, 칸 국제영화제 황금종려상, 빌보드 메인 싱글차트 1위 보유국이었다. 요 며칠은 전 세계 사람들이 한국식 술 게임에 빠져 "아파트! 아파트!"를 외치고 있다. 지난달 강연에 갔다가 순댓국집에 들렀는데 외국인 단체 관광객이 몰려와 옆자리에 앉았다. 그러고는 "이모, 다대기 좀 주세요" 하는데 딕션이 나보다 좋았다. 국민학교(초등학교가 아니다) 저학년 때까지 교과서 맨 앞장엔 이런 말이 적혀 있었다. "우리는 민족 중흥의 역사적 사명을 띠고 이 땅에 태어났다." 그로부터 대략 40년, 진짜 '민족 중흥'이 온 건가 싶다. 평소 국가중심적 사고방식을 비판해 왔지만 오늘만큼은 국가와 민족을 말해보기로 한다.

《상상된 공동체》라는 책이 있다. 워낙 유명한 책이라 한 번쯤 들어봤을 것이다. '상상된 공동체'가 의미하는 건 민족nation이다. 제목만 보고 "역시 민족이란 상상에 불과해!"라며 민족의 허구성에 대한 책이라 오해한 사람이 많았을 것이다. 나도 그랬는데, 읽어보니 전혀 아니었다. 저자 베네딕트 앤더슨은 오히려 민족이 허구적 구성물이라고 주장한 사람들을 비판하면서, 상상을 통해 민족이 현실적 실체가 되었다고 말한다. 즉, 이 책은 '상상된 공동체'라 쓰고 '실현된 공동체'라 읽어야 한다. 그렇게 하나의 공동체가 되었으므로 우리 중 누군가가 세계적으로 인정받으면 가슴이 뜨거워지고 눈물이 솟아나는 게 당연한 것일까? 그럴 수 있지만 아닐 수도 있다. 물론 같은 언어를 쓰는 동포니까 그렇지 않은 사람보다 친밀감이 느껴지는 건 자연스럽다. 하지만 가까운 사람이 잘됐다고 내 기분이 꼭 좋으란 법도 없다. (잊지 말자. 우리는 사촌이 땅을 사면 갑자기 배가 아픈 민족이다.)

K-컬처의 엄청난 성공을 보고 있자니, 어쩌면 지금이 한국 문화 최고의 화양연화 같다는 생각도 든다. 1990년대의 '문화 대폭발'을 청년기 한가운데서 만끽한 이른바 X세대 일부가 이 산업을 이끌고 있다. 젊은 시절 그들은 어떤 사람들이었을까? 일본의 농구 만화 《슬램덩크》가 실시간으로 연재되던 시절, 이름도 잊어버린 어느 평론가의 글이 무척 인상적이어서 기억하고 있다. 그는 《슬램덩크》에 빠져 일상생활이 불가능할 정도였던 당시 청소년들, 훗날의 X세대를 보며 이런 이야기를 했다. "우린 '《공포의 외인구단》 세대'지만 이들은 '《슬램덩크》 세대'다. 외인구단의 야구는 가난과 멸시를 보상받기 위한 몸부림이었다. 그래서 뼈가 부러지고 피가 흐르도록 처절했다. 《슬램덩크》 세대는 다르다. 이들에게 농구는 한풀이 수단이 아니라 순수한 열정이며 즐거운 목표다. 그래서 밝고 희망적이다."

"내가 춤출 수 없다면 그건 나의 혁명이 아니다." 68혁명의 구호가 된 엠마 골드만의 이 말을 X세대 일부는 진심으로 믿었다. 혁명의 최종 목표가 '자유로운 개인들의 연합'이라는 점에서 X세대와 386세대는 같았다. 그러나 X세대의 방점은 '자유'와 '개인'에 있었기에 386세대 특유의 집단주의에 끝내 동화될 수 없었다. 작가 한강이 대학생일 때, 가장 지적이던 그의 또래는 페미니즘 이론을 누구보다 치열히 공부했다. 그리고 낙후된 운동권 선후배를 '업데이트'하기 위해 노력했다. 이들이 바로 '영 페미니스트'라 불린 사람들이다. 1990년대 그토록 명석했던 '영 페미'들이 없었다면 운동권 내 성폭력 공론화도, 호주제 폐지도, 성매매방지법과 성매매처벌법 제정도, 직장 내 성희롱 방지 교육도 불가능했거나 한참 늦어졌을 것이다. 그리고 그 1990년대가 없었다면, 한강의 《채식주의자》는 없었거나 지금과 전혀 다른 작품이 됐을지 모른다.

이것은 K-컬처가 단지 특정 세대의 산물이라는 얘기가 아니다. 〈오징어 게임〉 〈기생충〉 《채식주의자》 등을 세계적 작품으로 만든 요인이 복합적이고 역설적이라는 것이다. K-컬처는 국가폭력, 승자독식 능력주의, 유교적 가부장제, 살인적 노동착취 및 특유의 과로 문화가 없었다면 불가능했다. 동시에 K-컬처는 그 문제에 맞서 끈질기게 싸워온 사람들이 있었기에 또한 가능했다. 그렇게 K-컬처는 모두 함께 만든 공동체 문화이자 아이러니가 되었다.

천장만 보는 사회

2024-10-04

한국 사회 전체가 '천장 편향'에 빠져 있다. 천장 편향은 인지 오류의 하나인 생존 편향(생존한 개체에만 집중하고 생존하지 못한 개체를 간과하는 경향)과 유사하지만 중요한 차이가 있다. 생존 편향이 '알지 못한' 것이라면 천장 편향은 '알고 싶지 않은' 것에 가깝다. 한국인이 사랑하는 '개천 용' 신화도 천장 편향이다.

지난 8월, 뜬금없이 한국은행이 대학입시에 관한 보고서를 냈다. 〈입시경쟁 과열로 인한 사회문제와 대응방안〉. 보고서는 "상위권대 진학률 격차가 학생의 잠재력보다 소득계층, 거주지역 같은 사회경제적 배경에 의해 주로 설명된다"며, 과도한 입시 경쟁이 "저출산과 만혼, 수도권 인구 집중과 서울 집값 상승 등 구조적 사회문제를 유발하고 있다"고 진단했다. 대응 방안은 '지역별 비례선발제'였다. 일부 상위권 대학이 지역별 학령인구 비율을 반영해 입학생을 선발하는 방식이다. 이창용 한국은행 총재는 콕 집어 "서울대, 연

세대, 고려대의 결단"을 요청하고 나섰다.

일목요연한 보고서이고 대안도 일리 있었다. 그런데 새로운 얘기인가 하면 전혀 그렇지 않다. 진학률 격차 원인이 사회경제적 배경임을 보인 연구는 이미 많았다. 과거 서울대가 시행한 지역 균형·기회 균형 전형도 유사한 취지였다. 오히려 놀란 건 사회적 반응이다. 사람들은 마치 처음 들은 얘기인 양 경악했다. 진보적인 이들은 더 분노하는 것처럼 보였다. "역동적인 개천 용 사회 한국이 어쩌다 이런 세습 사회가 됐나!" 그러나 보고서와 그에 대한 반응은, 선의에도 불구하고 핵심을 비켜나 있다.

한국은행 보고서는 소득계층과 거주지역에 따른 상위권 대학 진학률의 격차를 지적하면서도, 상위권 대학 출신자와 비상위권 대학, 대학 비진학자 간의 심각한 격차에 대해서는 별로 관심을 보이지 않는다. 요컨대 '피라미드 천장 진입'의 불공정만 문제 삼을 뿐, '피라미드 자체'에 대해선 무관심하다. 물론 한국은행은 입시 경쟁 과열을 문제 원인으로 지목하고 있으므로 경쟁이 과열되는 대학을 말하는 게 당연하지 않으냐고 항변할 수 있다. 그러나 보고서는 저출생, 수도권 인구와 집값, 나아가 청소년 정신건강까지 포함하는 구조적 사회문제 해결을 목표로 명시했다. 그렇다면 피라미드 천장 일부를 교체하는 수준으로는 어림도 없다.

'유리천장'이란 말은 알려졌다시피 '능력과 자격이 있음에도 여성이거나 소수자 출신이라는 이유로 승진을 가로막는 보이지 않는 장벽'을 의미한다. 유리천장은 실재하며 이를 없애는 일은 의미가 있다. 하지만 결국 최상층·엘리트 중심 담론이라는 점에서 한계 역시 명확하다. 언론을 포함한 한국 사회 전체가 이런 '천장 편향'에 빠져 있다. 천장 편향은 인지 오류의 하나인 생존 편향(생존한 개체에만 집중하고 생존하지 못한 개체를 간과하는 경향)과 유사하지만 중요한 차이가 있다. 생존 편향이 '알지 못한' 것이라면 천장 편향은 '알고 싶지 않은' 것에 가깝다. 한국인이 사랑하는 '개천 용' 신화도 천장 편향이다. 일단 용만 되면 엄청난 보상이 주어지므로 모두가 어떻게 용이 되는지에만 관심이 있다. 경쟁(주로 시험)의 보상이 지나치게 크기 때문에 '제도 해킹' 또한 만연한다. 이런 사회는 공정을 외치고 불공정을 규탄하기에 언뜻 정의로워 보이지만, 실은 승자독식과 부정부패가 끝없이 악순환하는 불평등 지옥이다.

어떻게 해야 할까? 한국은행 보고서는 입시 경쟁을 사회문제의 원인으로 규정하고 있다. 그런데 입시 경쟁은 또한 사회문제의 결과이기도 한 점을 고려하면, 입시 경쟁과 사회문제를 모두 포괄하는 배경 요인을 상정할 수밖에 없다. 그것은 바로 제도이자 문화로서 '능력주의 체제'다. 그렇다. 문제는 다시 능력주의. 그리고 해결은 이미 많은 사람이 지적했듯 '개천'에 대한 염려에서 출발한다. 여기서 중요한 건 반드시 '용'의 특권 축소가 병행돼야 한다는 점이다. 용의 몫을 줄이지 않으면 개천의 행복은 불가능하다.

조선 성종 때 선비 김효흥은 일흔여섯 살에, 고종 때 선비 박문규는 여든세 살에, 철종 때 선비 김재봉은 무려 아흔 살에 과거에 급제했다. 전체 문과 급제자의 61.5퍼센트가 한양과 경기도 출신이었다.[4] 소득계층, 거주지역은 당시에도 급제의 결정적 변수였다. 만일 그때 지역별 비례선발제를 실시했다면 조선이 망하지 않았을까? 그럴 리 없다. 엘리트 지역 배분 이전에, 엘리트 경쟁의 내용이 생산성 없는 지대 추구rent-seeking에 불과했기에 조선은 망한 것이다. 공부 잘하면 무조건 의대와 로스쿨을 지망하고 저학력·저소득층은 투명인간 취급하는 오늘 대한민국은, 과연 조선의 저 모습과 얼마나 다른가.

먹사니즘과 텍스트힙

2024-09-05

'빵과 장미 파업'이라 불리는 1912년 로렌스 섬유 파업의 여성 노동자들은 피켓에 이렇게 적었다. "우리에게 빵을 달라. 그리고 장미도!" '빵'은 생존의 최소 요건이다. 그러나 '장미', 즉 풍요로운 문화가 없다면 그것은 먹고 싸는 행위의 반복에 불과하다. 빵이 육체를 유지하게 한다면, 장미는 삶의 의미를 생산한다. 우리는 빵만으로도, 장미만으로도 살아갈 수 없다.

'빵과 장미 파업'이라 불리는 1912년 로렌스 섬유 파업.

분노가 잘 조절된 사회, 다양한 옳음이 빛나는 문화

"먹사니즘이 유일한 이데올로기여야 한다!" 지난 7월 더불어민주당 이재명 대표의 일성이다. '먹사니즘'은 '먹고사는'과 '이즘'의 합성어로, 민생과 경제성장을 강조하며 나온 단어다. 원본이라 할 '먹고사니즘'이 회자된 지도 20년이 훌쩍 넘었다. 본래 이 말은 먹고살기 급급해 이치나 도리를 따지지 못하는 상황을 변명하는 부정적 뉘앙스였다. '먹사니즘'에 고개가 끄덕여지기보다 아연해진 이유다.

그 무렵 '텍스트힙'이란 말도 알게 됐다. '텍스트힙'은 '텍스트'와 '힙하다'의 합성어. 1990년대 중반에서 2000년대 초반에 태어난 이른바 Z세대가 독서와 기록을 멋지다고 생각하는 현상을 가리킨다. 그런데 실제 젊은 세대 독서율이나 도서 구매가 크게 증가했단 소식은 들려오지 않는다. 소셜미디어에 책 사진 올리는 사람이 많아졌을 뿐이라는 조소도 나오지만, 출판계는 대체로 환영하는 분위기다. 과시용이라도 책에 대한 관심이 높아지는 건 어쨌든 긍정적이라는 것이다. 일본의 저명한 인문학자이자 베스트셀러 작가인 우치다 다쓰루 또한 "출판은 허虛의 수요 위에 존립한다"면서, 책이란 원래 과시욕과 이상적 자아상을 떠받치는 물건임을 강조한 바 있다.

먹사니즘과 텍스트힙은 비슷한 시기 우연히 마주친 단어들이지만, 내게는 어쩐지 '빵과 장미'처럼 들렸다. 시인 제임스 오펜하임은 "우리는 빵을 얻기 위해 싸운다. 하지만 우리는 장미를 얻기 위해서도 싸운다"고 썼다. '빵과 장미 파업'이라 불리는 1912년 로렌스 섬유 파업의 여성 노동자들은 피켓에 이렇게 적었다. "우리에게 빵을 달라. 그리고 장미도!" '빵'은 생존의 최소 요건이다. 그러나 '장미', 즉 풍요로운 문화가 없다면 그것은 먹고 싸는 행위의 반복에 불과하다. 빵이 육체를 유지하게 한다면 장미는 삶의 의미를 생산한다. 우리는 빵만으로도, 장미만으로도 살아갈 수 없다.

누군가는 이렇게 말할지 모르겠다. 그래도 빵이 더 중요한 게 아니냐고. 장미 없이는 생존할 수 있지만 빵 없이는 당장 죽는다고. 그렇게 볼 수 있겠다. 흥미로운 건 굳이 빵만 강조하거나, 한발 더 나아가서 장미를 쓸모없고 사치스러운 장식품으로 여기는 자들 중에 하필이면 독재자가 많다는 점이다. 예컨대 박정희가 썼다는 시 한 구절을 읽어보자. "2등 객차에/불란서 시집을 읽는/소녀야.//나는 고운/네 손이 밉더라.//우리는 일을 하여야 한다./고운 손으로는/살 수가 없다."[5]

한국의 많은 극우파들은 저 시에 '특권층을 향한 분노'가 담겼다고 칭송한다. 그런데 아무리 읽어도 특권층이 어디 나오는지 알 수가 없다. 혹시 "2등 객차에/불란서 시집을 읽는 소녀"일까? 우선 특권층인데 왜 1등 객차가 아니라 2등 객차인지부터 의문이다. "불란서 시집"을 읽는다면 문학소녀면 몰라도 특권층이라 단정하긴 어렵다. 일반적으로 특권층이라 하면, 비밀 요정에 최고 인기 여자 연예인을 불러 양주 파티를 일삼는 자를 떠올리는 게 자연스럽다. "불란서 시집을 읽는 소녀"라는 구절에 명백히 드러난 건 특권층에 대한 분노 같은 게 아니다. 그저 '배운 여성'에 대한 지독한 혐오, 곧 여성혐오와 반지성주의다.

대개 우파·극우파들은 장미를, 특히 책을 혐오했다. 일본의 극우 정치인 하시모토 도루가 2011년 오사카 시장이 되자마자 한 일이 도서관 탄압이었다. 대구시장 홍준표는 249개에 이르는 작은도서관 예산을 전액 삭감했다. 마포구청장 박강수는 구내 도서관을 독서실로 바꾸고 문제를 제기한 도서관장을 파면했다. 윤석열 정권 들어 독서 관련 예산은 10분의 1 토막이 났다. 이건 결코 우연이 아니다. 어떤 면에서 빵보다 훨씬 무서운 게 장미라는 것을, 그것이 '권력의 가스라이팅'에 대항하는 해독제임을 우파들은 너무나 잘 알고 있다.

먹고사는 일의 엄중함을 헤아리는 사려와, 먹고사는 일 외에는 전부 부질없으며 어차피 세상은 날것의 욕망으로 굴러간다는 사고방식은 전혀 다른 것이다. 후자는 오로지 먹고사는 일만 중요하다는 환원론이며 그렇기에 세상의 다양한 가치를 폄하하고 부정한다. 빵만 강조하거나 장미를 억압하는 것은 정치가 비루해졌다는 결정적 증거다. 시민은 결연히 맞서야 한다. 빵도 장미도 모두 우리 것이라고!

카테고리에서 스펙트럼으로

2024-08-08

우리가 여자와 남자라는 명확한 이분법으로 나뉠 수 있다는 생각 자체가 문제다. 많은 학자들은 방대하고 치밀한 연구를 통해서 생물학적 성별이 딱 두 종류만 존재하는 게 아니라는 사실을 밝혀왔다. 동물학자 루시 쿡은 인간을 포함한 수많은 동물의 성이 둘로 명확히 구별되기는커녕 엄청나게 복잡하고 유동적이며 심지어 혼란스럽기까지 하다는 사실을 잘 보여주었다.

2024년 파리올림픽에는 미디어와 온라인 커뮤니티를 뜨겁게 달군 이슈가 많았다. 그중에서도 세계적 화제는 단연 여자 복싱의 성별 논란이었다. 생물학적 남성을 의미하는 XY 염색체를 가진 이만 칼리프 선수가 올림픽 복싱 경기에 출전했는데, 상대 선수가 주먹을 맞자마자 경기를 포기하며 논란에 불이 붙었다. 논란 초기에 많은 사람이 해당 선수를 일방적으로 가해자 내지 사기꾼으로 몰아갔다. 실체는 남성-트랜스젠더인데 여성을 가장해 이득을 얻으려 했다는 것이다. 정말 그런가?

팩트부터 확인하자. 우선 이 사안은 트랜스젠더 이슈일 수 없다. 칼리프 선수는 성전환한 적이 없으며 일반적 의미의 여성으로 살아왔다. 그는 양성의 특징을 어느 정도 공유한 간성intersex이며 그중 안드로겐(남성호르몬) 무감응 증후군에 해당한다. 비슷한 사례로 대만 복싱 선수 린위팅도 있다. 유엔 보고서에 따르면 간성은 전체 인구의 최대 1.7퍼센트 비율로 태어난다고 한다. 따라서 '트랜스젠더' 운운은 그냥 오류다. 국제올림픽위원회는 "출전 자격에는 문제가 없으며 이들에 대한 비난은 선수 학대 및 혐오 조장"이라고 강하게 대응하고 있다.

사실 트랜스젠더냐 아니냐는 핵심이 아니다. 근본 문제는 따로 있다. 바로 '범주category적 사고'다. 다시 말해 우리가 여자와 남자라는 명확한 이분법으로 나뉠 수 있다는 생각 자체가 문제다. 많은 학자들은 방대하고 치밀한 연구를 통해서 생물학적 성별이 딱 두 종류만 존재하는 게 아니라는 사실을 밝혀왔다. 동물학자 루시 쿡은 인간을 포함한 수많은 동물의 성이 둘로 명확히 구별되기는커녕 엄청나게 복잡하고 유동적이며 심지어 혼란스럽기까지 하다는 사실을 잘 보여주었다. 한국에서 최초로 자폐 스펙트럼 장애에 대한 대규모 역학 연구를 진행한 사회인류학자 로이 리처드 그린커는 정신질환이 정상과 비정상 같은 유무의 문제라기보다 정도의 문제, 즉 스펙트럼의 문제라는 것을 설득력 있게 해명한다.

이들의 결론은 같은 곳을 향한다. 범주적 사고는 자연적 사실과 동떨어진 반면, 스펙트럼적 사고는 자연적 사실과 가깝다는 것이다. 오해하면 곤란하다. 이는 과학이 곧 확정적 진리라는 말이 아니다. 오히려 진지한 과학(자)일수록 확정을 꺼린다. 반면 사이비일수록 확신에 차 있고 칼같이 구별 짓는다. 스펙트럼의 대표적 예는 무지개다. 우리는 무지개를 그릴 때 빨강, 노랑, 초록을 딱딱 구분해 칠하곤 한다. 하지만 진짜 무지개, 곧 빛의 산란을 관찰하면 각각의 색깔 사이에 명확한 경계선이 없음을 알게 된다. 바로 그것이 퀴어 운동의 상징이 무지개인 이유다. 무지개는 단지 다양성만이 아니라 스펙트럼처럼 애매모호한 우리 존재의 은유다.

그렇다고 스펙트럼적 사고가 만능열쇠는 아니다. 올림픽은 선별된 극소수가 격렬하게 경쟁하는, 매우 특수하고 능력주의적인 이벤트다. 그래서 실질적 평등보다 형식적 공정이 강하게 요구되는데, 형식적 공정을 확보하는 가장 쉬운 방법은 임의로 경계를 긋고 범주를 확정하는 것이다. 이 때문에 스펙트럼적 사고를 적용하는 게 생각보다 어려워진다.

스포츠가 여성과 남성 부문으로 나뉘는 이유 중 하나는 평균 근력 등의 성별 차이가 개인 차이를 능가한다고 인정되기 때문이다. 물론 이 차이는 1년 내내 컴퓨터게임만 하는 남자와 세계 최고의 여자 역도 선수를 비교할 때가 아니라 같은 엘리트 선수 사이의 비교에서다. 그런데 간성이면서 여성인 선수와 평균적 여성 선수 사이의 신체 능력 차이에 대해서는 아직 알려진 바가 적다. 면밀히 조사해보면 그것이 평균적 여성 선수들 개인 차이보다 작을 수 있고 또 그렇지 않을 가능성도 있다. 이건 전문가의 영역이며 비전문가들끼리 아무리 치열하게 토론해봐야 별 도움이 되지 못한다. 선수 간 접촉이 심하거나 복싱처럼 위험한 격투기 종목인 경우 더 신중할 필요가 있다.

  올림픽은 분명 엘리트의 투기장이자 능력주의 과잉의 이벤트다. 그러나 동시에 지구촌 사람 모두에게 열린 축제라는 성격도 가지고 있다. 근대 올림픽에서 '포용'이라는 가치는 언제나 탁월함이나 공정함만큼 중요했다. 요컨대 우리에게는 더 다양한 탁월함을 추구해야 할 이유와 의무도 있는 것이다. 카테고리가 아니라 스펙트럼의 관점으로, 성별 이분법 바깥의 존재를 환대할 수 있기를 바란다.

원영적 사고와 승리적 관점 너머 2024-06-13

원영적 사고의 주체는 나라는 개인인 반면, 의지적 낙관과 승리적 관점의 주체는 집단이거나 공동체 속의 나이다. 물론 집단적 정신승리에 빠져 있을 뿐이라고 비판할 수 있겠지만, 적어도 그들이 개인적 희망을 넘어 공적 희망을 추구했음을 부정할 수 없다. 문제는 오늘날 개인적 희망과 공적 희망이 철저히 분리되어 있다는 점이다.

> **긍정적 사고**: 물이 반이나 남았네?
> **부정적 사고**: 물이 반밖에 안 남았네?
> **원영적 사고**: 내가 연습 끝나고 딱 물을 먹으려고 했는데 글쎄 물이 딱 반 정도 남은 거양! 다 먹기엔 너무 많고 덜 먹기엔 너무 적고 그래서 딱 반만 있었으면 좋겠다고 생각했는데. 완전 럭키비키잔양.

그룹 아이브 멤버 장원영 씨로부터 나온 '원영적 사고'의 유행이 시작된 게시물 내용.

걸그룹 멤버 장원영 씨에게서 비롯한 이 인터넷 밈, '원영적 사고'는 내게 일어난 모든 일이 결국 좋게 작용할 거라는 초긍정적 사고방식을 가리킨다. 원영적 사고는 부정적인 걸 전부 배제하는 것이 아니라 부정적인 것을 인식하되 그조차 긍정적 결과로 가는 과정으로 해석한다. 그냥 정신승리 아닌가 싶기도 하지만, 논문 쓰느라 매일이 우울한 와중 원영적 사고는 꽤 도움이 되었다. "노안이 시작돼 글을 오래 읽기 어렵지만 몇 년 후에 쓴다면 무조건 돋보기안경이 필요할 거야. 안경 없이 이 정도 보이는 게 어디야, 완전 럭키비키잔앙!"

그런데 원영적 사고의 의미를 알게 되자마자 의식의 흐름처럼 떠오른 말들이 있었다. '의지적 낙관'과 '승리적 관점'이다. 이른바 운동권에게 참 익숙한 말인데, 맥락을 알면 이해가 쉬울 것 같다. 예컨대 이런 스토리. 19××년, 대학 신입생 홍길동은 정신을 차려보니 학생운동에 참여하고 있다. 그는 불의한 정권에 분노하며 열심히 데모를 나가고 이론 학습에 매진한다. 3학년이 되자 조직에서 직함도 생겼다. 하지만 그에겐 말 못할 고민이 있다. '우리가 이렇게 열심히 싸웠는데 왜 정권은 건재하고 여론도 우리 편으로 돌아서지 않지?' 어느 날 길동은 평소 따르던 선배와의 술자리에서 울분을 쏟아낸다. "선배! 지금까지 싸운 게 다 무슨 의미가 있어요? 세상은 점점 나빠지는데 말이에요." 선배는 진지한 얼굴로 이렇게 말할 것이다. 크게 두 가지 버전이 있다.

"길동아, 그람시는 '이성으로 비관하되 의지로 낙관하라'고 했어. (이하 생략)" "길동아, 승리적 관점으로 봐야지. 이 상황이 오히려 좋을 수 있다? (이하 생략)"

그런데 의지적 낙관과 승리적 관점에는 원영적 사고와 다른 게 하나 있다. 원영적 사고의 주체는 나라는 개인인 반면, 의지적 낙관과 승리적 관점의 주체는 집단이나 공동체 속의 나이다. 물론 집단적 정신승리에 빠져 있을 뿐이라고 비판할 수 있겠지만, 적어도 그들이 개인적 희망을 넘어 공적 희망을 추구했음을 부정할 수는 없다. 문제는 오늘날 개인적 희망과 공적 희망이 철저히 분리되어 있다는 점이다. 정치학자 더글러스 러미스는 여기서 민주주의의 위기를 본다.

> 일본에서는 대부분의 사람들이 개인적인 희망을 가지고 있다. 그들은 자신의 삶이 개인적으로 잘 풀리리라 믿는다. (…) 그렇지만 일본인 대다수는 공적인 희망을 품지 않는다. 자국의 미래나 세계의 미래에 관해 일본인들은 태연히 절망하는 태도를 보인다. 자연 파괴는 결국 멈추지 않을 것이고, 자국의 정부를 움직이는 뿌리 깊은 정치 파벌을 대중이 통제할 날이 올 리 없으며, 미래의 기술 지배 사회에서는 자유를 잃을 수밖에 없다고, 막연하고 아무렇지도 않게 말한다.[6]

한국인은 얼마나 다를까? 적어도 나는 저 일본인들과 무척 닮았다. 탈화석연료 시대에 20퍼센트 확률의 석유를 시추하겠다는 윤석열 대통령, 무력해진 종부세를 바로잡기는커녕 아예 1주택자를 면제하겠다는 거대 야당 민주당, 이들의 폭주를 견제할 독자적 진보정당의 부재에 절망하고 있는 까닭이다. 요즘 사석에서 정치 이야기를 하지 않는데, 이는 논쟁이나 갈등을 싫어해서가 아니라 더 나은 정치가 가능하다는 희망을 거의 잃었기 때문이다. 그런 자신이 마뜩하지 않아 하루빨리 공적 희망을 회복하고 싶지만, 동시에 의지적 낙관이나 승리적 관점으로는 불가능하다는 것도 잘 안다. 관점의 긍정적 전환 같은 것에서 도출된 희망은 새로운 관점이나 단 하나의 반증 앞에 맥없이 부서지기 마련이다.

그렇다면 단단한 공적 희망은 어떻게 가능한가? 그것은 무척 연약해 보이는 어떤 믿음에서 출현한다. 러미스는 이를 '민주주의 신앙'이라 불렀다. 그 신앙은 신뢰하기 어려운 존재인 타인을, 그럼에도 불구하고 신뢰하겠다는 역설적 결단이다. 공적 희망은 이런 믿음을 통해서야 개인적 희망과 연결되며, 그때 비로소 민주주의는 더 깊어지고 넓어질 수 있다.

민희진이 만든 이야기의 마법 2024-05-17

민 씨는 자신의 입장을 명확한 프레임으로 배치하고('개저씨 대 여성 피고용인' '장사꾼 대 장인'), 비속어와 욕설로 절절한 진정성을 입증한다. 마침내 그가 "내가 니네같이 기사를 두고 차를 모냐, 술을 마시냐, 골프를 치냐" "남은 건 심야 택시, 배달앱 영수증밖에 없다"고 했을 때, 대다수 한국인은 가슴에 얹힌 무언가가 쑥 내려가는 걸 느꼈다.

호모 나랜스 Homo narrans, '이야기하는 인간'이 거기 현현했다. 어도어 민희진 대표의 기자회견 얘기다. "들어올 거면 맞다이로 들어와, 뒤에서 지랄 떨지 말고!"라는 민 씨의 일갈에 동석한 변호사들의 경악한 표정은 이게 연출이 아니라 실제 상황임을 보여주고 있었다. 회견이 끝나자마자 하이브 쪽은 "특유의 굴절된 해석 기제로 왜곡된 사실관계를 공적인 장소에서 발표했다"는, '먹물기' 가득 머금은 논평을 내놨다. '재수 없는 책상물림' 대 '피·땀·욕설 밴 현장'의 대비는 그렇게 극적으로 완성됐다.

사실관계를 따져보면 민 씨가 틀린 부분도 분명 있을 것이다. "내 새끼 출산한 기분"을 말하면서도 그 '내 새끼'들을 철저히 사물-상품 취급하는 시선엔 아무래도 공감하기 어려웠다. 특히 '내 성공은 전부 나의 능력 덕'이라는 식의 능력주의 신념에 결코 동의할 수 없었다. 아이돌은 상품 이전에 인간이고 청소년이다. 민 씨의 성공은 자신의 재능과 노력도 있겠지만 동료의 노동, K-팝 전성기라는 시공간, 무엇보다 행운이 함께 작용한 결과다.

이 모든 꼬투리에도 불구하고 '민희진 라이브 쇼'는 며칠간 모든 뉴스를 압도했다. 그 힘은 어디서 나온 걸까? 글로벌 아이콘이 된 걸그룹 뉴진스의 기획자라는 점이나 'K-팝 공룡' 하이브와의 갈등이라는 요소는 물론 중요하다. 그러나 그것만으로 이 거대한 반응을 설명할 수는 없다. 기자회견은 단지 입장 차이의 확인으로 끝날 수도 있었다. 그것을 전설적 퍼포먼스로 만든 건 두 시간 동안 민희진이 만들어낸 세계, 이야기의 마법이었다.

민 씨는 자신의 입장을 명확한 프레임으로 배치하고('개저씨 대 여성 피고용인' '장사꾼 대 장인'), 새벽 2시 40분쯤 포장마차에서나 들을 법한 비속어와 욕설로 절절한 진정성을 입증한다. 마침내 그가 "내가 니네같이 기사를 두고 차를 모냐, 술을 마시냐, 골프를 치냐" "남은 건 심야 택시, 배달앱 영수증밖에 없다"고 했을 때, 여성 직장인들뿐 아니라 대다수 한국인은 가슴에 얹힌 무언가가 쑥 내려가는 걸 느꼈다. 그렇게 사람들은 연봉만 수십억이라는 경영자와 자신을 겹쳐 보게 되었다.

사실 그의 이야기는 잘 짜인 이야기, 이른바 '웰메이드 스토리'는 아니다. 오랫동안 전해져온 신화, 인기 있는 드라마, 그럴듯한 음모론 같은 것에 비하면 구멍이 숭숭 나 있는 조악한 이야기라 할 수도 있다. 그런데도 어떻게 이 정도로 폭발할 수 있었을까? 이야기의 완성도가 높다고 해서 반드시 그런 반응이 일어나는 것은 아니며 완성도가 낮다 해서 반응이 일어나지 않는 것도 아니다. 다만 완성도가 높든 낮든 모든 '폭발하는 이야기'에는 공통점이 있다. 바로 감정을 자극하고 공감을 끌어내는 힘이다.

물론 감정의 중요성을 모르는 스토리텔러는 없다. 숙련된 창작자들은 좋은 플롯을 설계하는 것은 물론이고 감정을 언제 절제하고 어떻게 고조시키는지 잘 안다. 그러나 그들 대부분이 '폭발하는 이야기'를 만드는 데 실패한다. 감정은 맥락 의존적이어서 정확히 예측하는 게 지극히 어렵기 때문이다. 즉, 감정의 재현이나 연출에는 필승 공식이 존재하지 않는다. 다만 어떤 감정이 사회적으로 더 잘 촉발되는지 따져볼 수는 있을 것 같다. 이런 관점에서 볼 때, 민희진 라이브 쇼를 흥행시킨 배경으로 하나의 감정을 제기해볼 수 있다. 바로 '울분embitterment'이다.

울분은 분노와 구별되는 감정으로, '나의 노력과 기여가 무시당했다'는 생각이 지속되고 축적되어 나타난다. 직장에서의 부당한 대우 등이 울분을 일으키는 흔한 사례다. 울분은 일시적 감정으로 시작되다가 심하면 외상후울분장애PTED 등의 심각한 질환으로 발병하게 된다. 울분 임상 연구가 처음 시작된 나라는 독일이었다. 통일 직후 동독인에 대한 사회적 차별이 신체적 질환으로 번져나가며 큰 사회문제가 되었기 때문이다. 그런데 놀랍게도 2018년 조사 결과, 한국이 '본고장' 독일보다 울분이 여섯 배 정도 높게 측정되었다. 한국은 타인과 비교가 일상화되고 능력주의 성향도 강한 사회라서 울분 수준도 극단적으로 높게 나타난 것으로 보인다. 연봉이 20억 원이든 4천만 원이든, 나의 노력과 기여를 제대로 인정받지 못한다고 여기는 건 대다수 한국인의 공통 감정일지 모른다. 그게 바로 민희진의 마술적 순간을 만든 사회적 조건 아니었을까.

팬덤 권력화의 그늘

2024-03-22

한국 특유의 아이돌 산업과 그 팬덤의 '덕질' 문화가 만들어낸 이 기묘한 풍경은 사실 꽤 심대한 사회문제를 함축하고 있다. 지금은 팬덤의 극단화보다는 '팬덤의 권력화'에 가깝다. 극단화된 팬덤이 예외적 사건이라면 권력화된 팬덤은 구조적 현상이다.

걸그룹 에스파의 카리나 씨가 열애를 인정한 뒤에 일부 팬들이
SM엔터테인먼트 본사에 보낸 시위 트럭의 문구(좌, 인터넷 갈무리)와 논란 이후
카리나 씨가 본인 인스타그램에 게재한 자필 사과문(우, 인터넷 갈무리).

인기 걸그룹 에스파 멤버 카리나 씨의 연애 사실이 알려지자 팬들이 엄청나게 반발하기 시작했다. 처음엔 흔한 연예인 가십인 듯했지만 소속사 앞에 트럭 시위가 벌어지고 급기야 카리나 씨 본인이 자필 사과문까지 올리면서, 그저 해프닝으로만 보기 어려워졌다. 헌법상 행복추구권이나 보편적 인권에 비추어 보더라도 성인의 사생활에 대한 팬들의 이런 공격이나 소속사의 대응은 도를 넘은 것이다. 그런데 한국 특유의 아이돌 산업과 그 팬덤의 '덕질' 문화가 만들어낸 이 기묘한 풍경은 사실 꽤 심대한 사회문제를 함축하고 있다.

극성팬은 아이돌 산업이 존재하기 전, 스타가 있는 곳 어디에나 있었다. 물리적 폭력성으로 보면 요즘보다 예전이 더 심각하게 느껴진다. 집요하게 스토킹한다거나 가수의 숙소에 몰래 잠입한다거나 하는 경우가 종종 뉴스에 나왔다. 팬덤의 극단화로 요약되는 이런 행동은 거의 범죄에 준하는 것이라서 법적 제재는 물론, 같은 팬들 사이에서도 비판받곤 했다. 그런데 최근 벌어지는 사태는 좀 달라 보인다. 지금은 팬덤의 극단화보다는 '팬덤의 권력화'에 가깝다. 극단화된 팬덤이 예외적 사건이라면 권력화된 팬덤은 구조적 현상이다.

'팬덤'이라는 말은 한 번도 나오지 않지만, 팬덤 권력화 메커니즘을 절묘하게 해명하는 이론이 있다. 경제학자 앨버트 허시먼이 50여 년 전에 쓴 책 《떠날 것인가, 남을 것인가》가 그것이다. 이전까지 학자들은 시장에서 구매자의 행동을 주로 '선호preference'와 '이탈exit'의 함수로 설명하는 경향이 있었다. 소비자는 상품이 마음에 들면 사고 아니면 다른 상품을 사거나 구매를 포기한다. 하지만 허시먼은 거기에 '항의voice'를 핵심 요소로 도입한다. 과거 경제학 모델들이 '절이 싫으면 중이 떠난다'는 식으로 구매자 행동을 설명했다면, 허시먼은 절이 싫어졌을 때 '떠나는 중'과 '남아서 싸우는 중'이 생기는 이유를 분석한 것이다.

일반적으로 이탈보다 항의가 효과적일 때는 언제일까? 허시먼에 따르면 두 가지 경우다. 첫째는 매출의 큰 비중을 소수 구매자가 차지하고 있을 때, 둘째는 가격이 비쌀 때다. 이 경우 기업은 소수 구매자에 대한 부담을 크게 느끼고, 소수 구매자의 항의는 기업의 정책에 상당히 큰 영향력을 행사한다. 여기서 이탈과 항의라는 두 가지 선택을 설명하는 주요 요소가 바로 '충성심loyalty'이다. 특히 이탈이 발생할 때일수록 충성심의 가치는 높아지고 항의의 효과도 커진다.

지금 한국 아이돌 시장은 정확히 이 조건에 부합한다. 불특정 다수의 구매력, TV 등 대중매체가 끼치는 영향력은 과거에 비할 수 없이 쪼그라든 반면, 팬덤이라는 소수-중복 구매자의 비중은 상대적으로 커졌다. 아이돌 기획사 매출에서 결정적인 부분이 CD 등 음반 매출이다. CD플레이어를 구경조차 하기 힘든 요즘 같은 스트리밍의 시대에, 놀랍게도 음반이 수십만에서 백만 단위까지 팔린다. 누가 다 사는 걸까? 팬덤이다. 흔히 음반 발매 뒤 일주일간 초동 판매량이 운명을 가른다고들 한다. 그 기간에 팬들은 '내 아이돌'을 일등으로 만들기 위해 사활을 걸고 '화력'을 쏟아붓는다. 이렇게 팬덤의 힘이 절대적이다 보니 기획사나 아이돌은 그들 눈치를 보지 않을 수 없고, 팬덤도 아이돌에게 "나의 판타지를 깨뜨리지 말라"고 당당히 요구한다. 말하자면, "우리가 이렇게 큰 비용을 들였으니 너도 상응하는 태도를 보이라"는 것이다. 카리나 씨의 자필 사과문 등은 이런 구조적 압력의 산물이었다.

이건 아이돌 시장에 국한된 문제가 아니다. 정치 팬덤 현상에도 똑같이 적용된다. 실제로 허시먼은 경제만이 아니라 정치 영역, 즉 정당과 유권자의 동학을 설명하는 데 큰 공을 들였다. 최근 한국 정치에서도 문자폭탄을 날려대는 한 명의 광적인 정치 고관여층이 1백 명의 일반 유권자보다 훨씬 강력한 영향을 끼치고 있다. 참여 격차에 따른 공적 의사결정의 이런 왜곡은 극소수 팬덤의 예외적 일탈이 아니라 팬덤 권력화라는 구조의 산물이다. 하지만 열정적 소수가 판 전체를 쥐락펴락하고, 극소수 유권자만 유의미한 발언권을 가지는 정치가 과연 당연한 것일까. 참고로 허시먼의 책 부제는 '퇴보하는 기업, 조직, 국가에 대한 반응'이다.

'이대남'이 이상해진 이유

2024-02-23

적지 않은 여성들이 피해자 정체성에 갇히는 대신, 다른 여성들과 적극적으로 연대하고 서로를 돌보았다. 그 결과 전례 없이 많은 새로운 정치적 결사와 돌봄 공동체가 생겨났다. 반면 일부 젊은 남성은 군 복무라는 자신의 피해자성을 말하면서 공동체의 자원에 '무임승차'하는 집단을 공격하는 데 몰두했다.

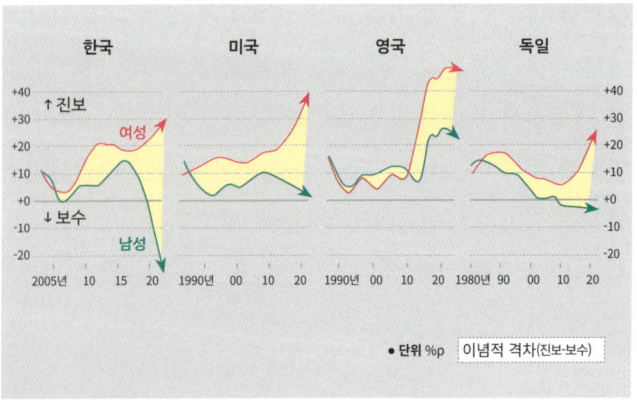

세계 주요국 젊은 남녀의 이념적 격차(출처: *Financial Times*, 2024년).

《파이낸셜 타임스》에 흥미로운 기사가 실렸다. 각국에서 젊은 여성과 젊은 남성 간 이념 격차가 크게 벌어졌다는 내용이었다. 어느 나라든 젊은이는 진보적이고 나이가 들수록 보수화된다. 그런데 최근 많은 나라에서 젊은 남성들이 보수화되며 남녀 간 이념이 크게 갈리게 됐다는 것이다. 미국, 영국, 독일, 한국 사례가 언급됐는데 그중 한국이 특히 이상했다. 다른 나라에서도 젊은 남성이 보수화되고 있긴 하지만 여성에 비해 상대적으로 그렇다는 것이지, 여전히 보수보다 진보에 가까웠다. 대한민국은 달랐다. 그래프를 보면, 한국의 젊은 남성은 2015년 무렵부터 다이빙을 하듯 아래쪽으로 처박히고 있다. 극단적으로, 또 빠른 속도로 보수화되었다는 의미다.[7]

왜 이런 일이 일어났을까? 아쉽게도 기사는 현상만 제시할 뿐 배경이나 원인을 구체적으로 분석하지 않았다. 퍼뜩 몇 단어가 떠올랐다. 그중 하나가 '외로움'이다. 정치철학자 김만권은 《외로움의 습격》에서 "외로운 시대에 가장 외로운 세대"가 20대라는 점을 강조한다. 그는 외로움이 순전히 개인적이고 낭만적인 정서에 그치는 게 아니라 사람들을 고통스럽게 하고 혐오하게 만들며 심지어 죽게 하는 심각한 사회 현상임을 설득력 있게 설명한다. 책은 또한 외로움이 개인만이 아니라 "실제로 민주주의를 위협하는 단계에 이르렀다"면서 한나 아렌트의 사유를 빌려 이렇게 경고한다. "전체주의는 외로워진 대중의 지지로 유지된다."

이쯤 되면 의문이 든다. '외로움의 습격'은 젊은 여성에게도 예외가 아니다. 그런데 왜 여성은 진보화되고 남성은 보수화되었을까? 하나의 이유로 환원할 순 없지만 적어도 젊은 여성과 젊은 남성 간에는 중요한 차이가 있어 보인다. 《파이낸셜 타임스》 기사도 언급하고 있듯이 이념 격차가 극명해진 변곡점은 2015년이다. '미투' 운동, 강남역 살인 사건을 계기로 페미니즘 물결이 다시금 밀어닥친 시점이다. 그런데 그저 페미니즘을 답으로 내미는 건 너무 납작한 설명일 것이다. 구체적으로 어떻게 작용했는지가 중요하다.

짧은 칼럼에서 이를 제대로 설명하는 것은 불가능하니 무리하게 요약할 수밖에 없다. 한마디로 젊은 남성은 '피해 서사'에 머문 반면, 젊은 여성은 '연대 서사'로 나아갔기 때문이다. 적지 않은 여성들이 피해자 정체성에 갇히는 대신, 다른 여성들과 적극적으로 연대하고 서로를 돌보았다. 그 결과 전례 없이 많은 새로운 정치적 결사와 돌봄 공동체가 생겨났다. 반면 일부 젊은 남성은 군 복무라는 자신의 피해자성을 말하면서 공동체의 자원에 '무임승차'하는 집단을 공격하는 데 몰두했다. 물론 한국이 여전히 남성중심 사회이기에 새삼스레 연대의 필요성을 느끼지 못했을 수 있다. 또한 '친목질 금지'라는 온라인 커뮤니티의 룰을 과잉 내면화한 나머지 젊은 남성들끼리 최소한의 연대조차 만들지 못한 면도 있다.

여기서 핵심은, 피해 서사에 머무느냐 아니면 연대 서사로 나아가느냐를 결정하는 것이 대의라는 점이다. 여성들은 페미니즘이라는 토대가 있었기에 갈등과 차이에도 불구하고 동질감을 높이며 연대할 수 있었다. 젊은 남성에게는 그런 게 없었다. 굳이 꼽자면 능력주의 정도이겠으나 그것은 이미 많은 전문가들이 논증했듯 이론적으로든 윤리적으로든 정당화되기 어려울뿐더러 뛰어난 남성을 뜻하는 이른바 '알파 메일 Alpha Male' 이외 남성을 배제하는 자승자박의 논리다.

지난 몇 년, 한국의 젊은 여성들은 페미니즘이라는 대의로 치열한 인정 투쟁을 벌였다. 여전히 부족하지만 제도·문화적인 성취도 이뤘다. 반면 젊은 남성 집단은 '일베' 이미지만 강해졌다. 물론 그들 일부는 명실상부 극우파에 차별주의자다. 그러나 아무리 많이 잡아도 그 비율은 20~30퍼센트를 넘지 않는다. 최근 몇 년간의 여러 통계들이 공통적으로 보여주는 바는, 젊은 남성이 어떤 집단보다 갈가리 찢겨 있다는 점이다. 어쩌면 젊은 남성들 서로의 차이는 젊은 여성과 젊은 남성의 차이 이상일지 모른다.

오늘날은 어떤 대의 혹은 거대 서사 속에서 공동의 가치를 찾기 어려운 시대다. 세계 속 나의 자리와 나아갈 방향을 가늠할 수 없는 이 '세계 없음'의 상황은, 특히 젊은 세대에게 정체성 공백과 만성적인 인정 불안을 유발한다. 그들을 싸잡아 괴물로 만드는 대신 면밀히 들여다보고 조곤조곤 말을 걸어야 하는 이유다.

저출생 솔루션, 눈떠보니 헝가리 2024-01-25

더불어민주당과 국민의힘이 동시에 저출생 대책을 발표했다. 양당 모두 헝가리를 크게 참고했다고 한다. 출산자에게 돈을 더 많이 주면 출생률이 올라갈 거라는 '헝가리 솔루션'은 국가가 국민을 그저 자극에 반응하는 가축으로 본다는 증거다.

2017년, 크리스틴 라가르드 국제통화기금 IMF 총재는 한국을 두고 '집단 자살 사회 collective suicide society'라고 했다. 과장도 비유도 아닌 사실의 적시였다. 2023년 3분기 대한민국 합계출산율은 0.7명이며, 4분기 통계는 0.6명대로 떨어질 게 확실하다.

이런 와중인 2024년 1월 18일, 더불어민주당과 국민의힘이 동시에 저출생 대책을 발표했다. 양당 모두 헝가리를 크게 참고했다고 한다. 사회학자 신경아는 《경향신문》 칼럼에서 양당 모두를 호되게 질타했다. "(헝가리) 정부는 성평등

부서를 인구 부서로 바꾸고 출산을 강요했다. 서구 학자들은 여성의 몸을 정치적 수단으로 삼는 파시스트 정권이라고 비판해왔다. 국민의힘은 여가부를 폐지하고 인구부를 만들겠다고 한다. 민주당은 헝가리 현금 살포 정책과 똑같은 정책을 발표한다."

헝가리 현황을 더 찾아봤다. 경악스러웠다. 친러 극우정권 치하인 헝가리는 성차별, 언론탄압, 정치부패로 인해 약 8조 원 상당의 유럽연합 코로나19 회복기금을 받지 못하고 있다. 유럽연합의 행정부 격인 집행위원회는 2022년 7월 헝가리 법이 성소수자의 기본권을 침해한다며 유럽사법재판소에 제소했다.

출산자에게 돈을 더 많이 주면 출생률이 올라갈 거라는 '헝가리 솔루션'은 국가가 국민을 그저 자극에 반응하는 가축으로 본다는 증거다. 사실 그동안 저출생의 진짜 원인을 지적한 전문가들은 많았다. 그럼에도 원인과 괴리된 정책만 양산되었다. 똑똑한 관료, 정치인들이 그걸 몰랐을까? 그럴 리 없다. 알면서도 외면한 것이다. 공동체 성원을 시민으로 대하기는 어렵지만 가축으로 대하기는 쉽기 때문이다.

한국에서 일어나는 극단적 저출생의 원인은 무엇인가? 그중 하나는 이른바 '정상가족'만 승인하는 낡은 제도와 문화다. 혼외 출산을 백안시할 뿐 아니라 법적으로도 차별하는 한국과 달리, 혼외 출산을 차별하지 않는 프랑스의 합계 출산율은 2023년 기준 1.7명 전후로 한국의 2.5배에 이른다. 법적 혼인 외의 다양한 가족 형태를 사회적으로 인정하는 것은 출생률을 높이는 효과는 물론, 시민의 자유와 평등을 증진하여 결과적으로 민주주의 수준까지 대폭 끌어올릴 수 있다. 2023년 장혜영 의원이 발의한 '가족구성권 3법', 즉 혼인평등법, 비혼출산지원법, 생활동반자법은 이런 문제의식이 비교적 잘 담긴 법안이다.

또 하나 주요 원인은, 정규직/비정규직 격차다. 노동 양극화와 저임금 불안정 노동의 일반화는 다수 시민이 미래 설계를 할 수 없도록 만든다. 외환위기 이후 급격히 늘어난 비정규직 일자리는 오늘날 사실상의 신분제로 기능하면서 경제적 착취만이 아니라 혐오와 차별 문화를 고착시켰다. 이런 환경에서는 필연적으로 극소수를 제외한 대다수 청년이 '내가 겪은 모멸과 절망을 아이에게까지 물려줄 수 없다'는 결심을 하게 된다. 입시지옥이란 말로 상징되는 학력 경쟁과 입시비리, 세계 최고의 청소년 자살률도 다 같이 엮여 있다. 입시제도를 아무리 고쳐봐도 문제가 해결되지 않는 이유는, 그 지옥의 근본 원인이 비정규직 차별의 원인과 같기 때문이다. 바로 지대 추구와 승자독식을 정당화하는 '한국의 능력주의'다. 이 악의 뿌리를 건드리지 않고서 저출생은 결코 해결될 수 없다.

"눈떠보니 선진국"이라고 떠들어대던 이들은 정권이 바뀌자 "별안간 후진국이 됐다"며 '시일야방성대곡' 중이다. 미안하지만 한국은 어느 쪽이 권력을 잡든 도긴개긴이었다.

대한민국과 기업은 능력주의를 내세우며 비정규직을 양산했고 시민들 스스로도 '공정'이라는 이름으로 그런 불평등에 적극 동조했다. 출생률을 높인다며 출산 당사자 보상에만 급급하고 여성·소수자 혐오 문화 개선은 뒷전이었다. 그러니 15년간 280조 원을 쏟아붓고도 나아지기는커녕 최악으로 치달은 것이다.

역설적이지만 저출생·인구소멸의 가장 확실한 해법은 그런 것들을 생각하지 않는 것이다. 요컨대 출산, 인구 따위에 집착하지 말아야 한다. 국가가 개인의 고통에 귀 기울이고 각자의 행복을 응원하고 있다고 느낄 때, 시민은 아무 보상 없이도 아이를 낳고 훌륭한 시민으로 길러낸다. 이런 사회에서는 아이를 낳지 않은 시민도 다른 시민의 아이를 존중하고 보살핀다. 그때는 이미 저출생 같은 건 우리의 고민조차 아닐 것이다.

나의 서경식 순례

2023-12-28

서경식은 한결같이 국가폭력을 비판해왔지만, 한편으로 국가주의와 민족주의에 반대하는 진보·리버럴의 논리 역시 누구보다 예리하게 비판한 전투적 지식인이었다. 그는 '국민주의 Gugmin-ism'라는 단어를 통해서, 일본 사회에 만연한, 그러나 서구의 내셔널리즘 개념으로는 포착하기 어려운 차별의식을 정밀 타격한다.

난데없는 부고를 듣고 한동안 아무것도 할 수 없었다. 그러다 그의 책을 꺼내 하나씩 다시 읽기 시작했다. 다른 이들처럼 나도 《나의 서양미술 순례》를 통해 그를 처음 알았다. 서경식은 '재일교포 유학생 간첩 조작 사건'에 연루된 서승·서준식의 동생으로, 아름다운 글을 쓰는 에세이스트이자 대학교수로 소개되곤 했다. 틀리지 않다. 그럼에도 나에게 서경식은, 그런 약력을 아득히 초과하는 이름이다.

신출내기 기자 시절 그를 인터뷰한 적이 있다. 육성으로 듣는 서경식의 언어는 명불허전이었다. 하지만 그보다 훨씬 인상적인 건 생활에 배어든 성찰적 교양이었다. 그는 동거인을 '쓰마(妻, 아내)' 대신 '파트너'라 불렀다. '파트너'란 말을 그렇게 쓰는 걸 처음 겪어본 나는 순간적으로 누구를 말하는지 헷갈려 버벅거렸던 것 같다. 그는 웃으며 연유를 설명해주었다.

그는 남편을 '슈진主人'이라고 부르는 일본의 지독한 가부장주의를 예로 들면서 한국과 일본의 많은 지식인이 공적 자리에서 누구보다 진보적인 반면 가족이나 사적 인간관계에서 지극히 보수적이라고 꼬집었다. 서경식의 어느 책에는 한국의 유명한 진보적 철학자와의 에피소드가 나온다. 그는 서경식과 대담한 뒤 "저보다 연배가 위이시니 '형님'이라 부르고 싶다"고 청한다. 서경식은 단칼에 거절한다. 서양의 개인주의를 좇아서가 아니다. 한국 사회에 만연한 가족주의의 폐해가 훨씬 크다는 문제의식 때문이다.

서경식은 한결같이 국가폭력을 비판해왔지만, 한편으로 국가주의와 민족주의에 반대하는 진보·리버럴의 논리 역시 누구보다 예리하게 비판한 전투적 지식인이었다. 그는 '국민주의Gugmin-ism'라는 단어를 통해서, 일본 사회에 만연한, 그러나 서구의 내셔널리즘 개념으로는 포착하기 어려운 차별의식을 정밀 타격한다.

'국민주의자'는 자신을 내셔널리즘에 반대하는 보편주의자라고 주장한다. 그들은 스스로를 시민권citizenship의 주체라고 생각하고 있다. 그러나 다른 한편으로 그들은 자신이 향수하고 있는 여러 권리가 근대 국민국가에서 만인에게 보장되는 기본권이라기보다는 '국민'임을 조건으로 보장되는 일종의 특권이라는 현실을 좀처럼 인정하려고 않는다. 국민주의자는 자신의 특권에는 무자각적이며, 그 특권의 역사적 유래에는 눈을 감으려는 경향을 갖는다. 따라서 국민주의자는 '외국인'의 무권리 상태나 자국에 의한 식민지 지배의 역사적 책임이라는 문제에 대해서는 둔감하거나 의도적으로 냉담하다. 이 점에서 '국민주의'는 일정한 조건하에서 배타적인 '국가주의'와 공범共犯 관계를 맺게 된다.[8]

이런 인식은 '자이니치'라는 경계인으로서의 자각과 필연적으로 이어져 있지만, 무엇보다 일본 사회에서 진보나 리버럴로 분류되는 인사들, 예컨대 와다 하루키나 우에노 치즈코 같은 이들의 주장에 대한 치열한 반박을 통해 벼린 것이었다. 철학자 다카하시 데쓰야와의 대담집 《단절의 세기 증언의 시대》 같은 책에서는, 식민주의는 물론이고 역사수정주의, 그리고 이른바 '양심적 리버럴'의 요설에 맞서는 논리적 투사의 진면목을 확인할 수 있다.

나는 요즘 간간이 '회원제 민주주의'를 말머리로 삼는다. 회원제 민주주의란 한마디로 '울타리 안 평등에는 민감하지만 울타리 밖 비참에는 무관심한 민주주의'다. 결국 그것은 서경식이 말한 국민주의와 크게 다르지 않다. 이것은 철학자 자크 랑시에르가 말한 아르케arkhe 논리, 즉 출생·재산·능력에 따라 위계적으로 몫을 배분하는 불평등의 논리다. 또한 이는 정치철학자 아이리스 영이 말한 '자격 적합성의 정치', 즉 정치적일 수밖에 없는 특권의 분배를 마치 불편부당한 공정의 실현인 양 가장하는 정치이기도 하다. 이 모두와 공명하는 이념이 바로 능력주의다. 보편적 정의를 내세우지만 실은 승자·강자의 기득권을 옹호하며 약자·소수자를 억압하는 선별적 정의론. 서경식이 평생 온 힘을 다해 맞서 싸운 추악함이다.

이제 서경식의 생물학적 삶은 닫혔다. 그러나 심원한 지성은 영원히 열려 있기에 그와 함께하는 순례는 끝나지 않을 것이다. 삼가 고인의 명복을 빈다.

메갈리아의 세계 지배

2023-12-01

넥슨의 게임 홍보 영상에 이른바 '남혐(남성혐오)' 또는 남성 비하를 암시하는 손 이미지가 다수 들어갔다는 논란이 일자 관련 기업들이 즉각 사과했다. 사과할 이유가 없는데 왜 사과했을까? 남성 게임 유저가 많으니 납작 엎드린 것이다. 기업들이 사실관계와 상식조차 무시하면서 시장논리로 여성혐오를 조장하는 격이다.

〈메이플스토리〉 엔젤릭버스터 리마스터 버전의 홍보 애니메이션(인터넷 갈무리).

'메갈리아' 로고(인터넷 갈무리).

넥슨의 게임 홍보 영상에 이른바 '남혐(남성혐오)' 또는 남성 비하를 암시하는 손 이미지가 다수 들어갔다는 논란이 일자 관련 기업들이 즉각 사과했다. "의도한 게 아니"라는 제작사 해명에도 남초 커뮤니티는 비난을 멈추지 않았다. 사태가 커지자 언론들도 기사를 쏟아내기 시작했다. 어디서부터 잘못된 걸까.

최초 문제제기를 요약하면, 영상에 그려져 있는 캐릭터들의 손 모양이 지금은 폐쇄된 인터넷 커뮤니티 '메갈리아'의 로고, 흔히 한국 남자의 작은 성기를 가리키는 손동작으로 알려진 '그 손가락'과 유사하다는 것이다. 즉, 홍보 영상 곳곳에 의도적으로 특정한 손가락 모양을 그려 넣었다는 주장이다. 그런데 아무리 들여다봐도 그건 메갈리아 로고의 손가락과는 조금씩 달랐다.

직접 검증해보기로 했다. (이른바 '메갈 손가락' 논란은 한 번도 사실로 밝혀진 적이 없다. 즉, '습관적 억지'다. 이 글의 '검증'은 그 억지에 대한 미러링이다.) 만약 일부 주장처럼 '한국 남자의 작은 성기'를 조롱하기 위해 '메갈 손가락'을 그려 넣은 게 사실이라면, 그런 사람이 세상에 단 한 명만 존재할 리 없다. 또한 넥슨 게임 홍보 영상에서만 그 짓을 했을 리도 없다. 웹 곳곳에 자신들의 흔적을 남겼을 거라 추정하는 게 합리적이다. 이를 확인하기 위해 구글의 이미지 검색 서비스를 활용해 '그 손가락'과 유사한 이미지들이 얼마나 나오는지 찾아봤다. 과학은 재현 가능성이 생명이기에 방법론도 밝혀둔다. 남혐 이미지로 지목된 그림에서 손가락 부분을 캡처한 뒤 구글 이미지 검색을 돌렸다.

결과는 놀라웠다. 한국만이 아니라 온 세상이 남혐하는 손으로 가득 차 있었다! 일본의 유명 애니메이션 캐릭터들까지 한국 남자의 '쪼매난' 성기를 비웃고 있었다! 심지어 넥슨 홍보 영상의 그것보다 훨씬 더 메갈 손가락과 비슷했다. 이외에도 '그 손가락'이 나오는 그림은 그야말로 부지기수다. 어찌 된 일일까? 사라진 메갈리아가, 남혐을 일삼는 한국 여자들이, 은밀히 세계를 지배하고 있었던 걸까? 그래서 각국의 일러스트, 애니메이션에 한 땀 한 땀 '그 손가락'을 그려 넣은 걸까? 그럴 가능성은 극히 낮아 보인다. 백번 양보해서 그 많은 이미지 중 한두 장이 고의로 '그 손가락'을 의도한 것이라 해도 상황은 별반 달라지지 않는다. 그것은 혐오표현 hate speech, 즉 약자·소수자 차별 선동에 해당하지 않기 때문이다.

〈보링의 인물화〉라 불리는 그림에서 어떤 사람은 젊은 여성을 보고, 어떤 사람은 노인을 본다. 팝송 가사 "올 바이 마이셀프"가 "오빠 만세"로 들리는 몬더그린 mondegreen 효과도 감각 혼동의 전형적 사례다. 망치를 든 사람한테는 온 세상이 못으로 보이는 법이다.

여성학자 정희진은 군사문화와 남근중심주의를 논의하며 "미사일과 폭탄이 남근의 형태를 띤다"는 점을 강조했다. 그러나 미사일과 남근이 비슷하게 생긴 이유는 군사문화와 남근중심주의 때문이라기보다 기능상 그렇게 생겨먹을 수밖에 없기 때문이다. 전쟁광 남성이라도 자기 팬티 속 '그것'을 본떠 미사일을 디자인했을 리 없다. 철학자 뤼스 이리가레는 "$E=mc^2$는 가장 빠른 것(빛)에 특권을 부여하기 때문에 섹슈얼리티에 물든 방정식"이라고 한 적이 있다. 자연과학 역시 이데올로기에서 자유롭지 않지만, 이런 아전인수식 해석에 동의하기란 쉽지 않다.

물론 페미니즘의 어떤 주장이 억지스럽다 해서, 혹은 메갈리아의 어떤 극단적 행태가 비판받을 만하다고 해서 남혐 운운하는 억지가 정당해지지는 않는다. 그것은 상대의 오류로 자신의 잘못을 가리는 '그쪽이야말로주의'에 불과하다. 중요한 건 언제 어디서든 누구든, 확증편향으로 인해 단순한 사실조차 제대로 보지 못할 수 있다는 점이다.

주목할 대목은 또 있다. 기업들이 의도한 게 아니라면서도 즉시 사과했다는 점이다. 사과할 이유가 없는데 왜 사과했을까? 남성 게임 유저가 많으니 납작 엎드린 것이다. 2016년 넥슨 게임 여성 성우 퇴출 사건이나 2021년 GS25 편의점 홍보물 사태 때도 그랬다. 이렇게 잘못된 신호를 계속 주니 트집 잡는 남성들의 효능감은 황홀하게 치솟고, 유사한 사건들이 끊임없이 벌어진다. 결과적으로 기업들이 사실관계와 상식조차 무시하면서 시장논리로 여성혐오를 조장하는 격이다. 지금 당장, 이 광란을 멈춰 세워야 한다.

작가는 노동자인가

2023-10-05

20년 차가 넘는 '고인물'에서 갓 데뷔한 '햇병아리'까지, 경력과 처지는 천차만별이었지만 겪는 부조리의 성격은 같았다. 모두가 관행이란 이름으로 플랫폼에 각개격파당하며 혹독하게 착취당하고 있었다. 노련한 작가들은 곳곳에 깔린 지뢰를 피하기도 하지만, 새내기들은 그야말로 속수무책 시스템의 먹이가 되고 만다.

"작가를 노동자라고 할 수 있을까요? 스스로 노동자라 생각하며 글을 쓰진 않거든요. 고용주가 정해져 있는 것도 아니고……."

시작부터 한 분이 정체성에 의문을 던졌다. 지난 9월 중순, 작가노조를 준비하는 이들이 처음 얼굴을 맞댔다. 이른바 '순문학', SF, 르포, 대중문화 비평 등 다양한 분야에서 활약하는 현역 선수들이 두루 참석했다. 출판문화상 시상식장 같은 곳 아니면 평생 한자리에서 마주칠 일 없는 분들이다.

나는 사회과학과 저널리즘 사이 어딘가의 애매모호한 인간이지만, 일단 인문사회 작가로 분류됐다. 처음엔 살짝 서먹했지만 금세 공기가 뜨거워졌다. 작가들은 입에서 불을 뿜듯 '피해 사실'을 털어놓기 시작했다.

"초대를 받아 어느 자리에 갔는데, 내게 '저분(작가) 인사드려. A급이야' '저분은 B급이지만 알아두면 좋아'라는 식으로 말씀하는 거예요. 당시에 뭣 모르고 인사했는데, 각성한 뒤 그것이 얼마나 모두에게 모멸감을 느끼게 하고 우리를 분열시키는지를 알게 됐어요."

"2020년 출판사와 처음 계약할 즈음 문체부에서 표준계약서가 나왔다는 얘길 들었어요. 그런 게 올 줄 기대했는데, 전혀 다른 게 오더라고요. 처음엔 '내가 신입이라 그런가?' 했죠. 4년 차 들어 그것이 아님을 알았어요. 출판사는 싸우는 사람만 표준계약서와 비슷한 수준으로 맞춰준 거예요."

"2005년부터 했고 지금이 2023년이니 20년이 돼가는데 원고료는 변하지 않았어요. 심지어 떼이기도 해요. 칼럼 하나 쓰기 위해 열흘은 자료를 찾고 책을 읽고 머리를 싸매야 하는데, 너무 낮은 봉급으로 일하고 있다는 자괴감이 들어요."

"문학 하는 사람들이 내성적이고 고립되어 있어서 모이는 게 어렵다고 하는데, 그런 것치고는 무슨 문인단체나 문학상이 너무 많지 않나요?"

20년 차가 넘는 '고인물'에서 갓 데뷔한 '햇병아리'까지, 경력과 처지는 천차만별이었지만 겪는 부조리의 성격은 같았다. 모두가 관행이란 이름으로 플랫폼에 각개격파당하며 혹독하게 착취당하고 있었다. 노련한 작가들은 곳곳에 깔린 지뢰를 피하기도 하지만, 새내기들은 그야말로 속수무책 시스템의 먹이가 되고 만다.

누구는 이렇게 이죽거릴지 모른다. "그렇게 힘들면 그냥 회사에 취직해서 일해. 너한테 작가 하라고 누가 칼 들고 협박했냐?" 이른바 '누칼협'이다. 네가 선택했으니 어떤 손해나 고통도 감내해야 한다는 것이다. 모든 걸 개인의 책임으로 돌리는 이 말은 결국 약자의 항의를 틀어막는 기득권 옹호 논리라는 점에서 특히 악질적이다. 이게 얼마나 말이 안 되는 소리인지는 논리를 일관되게 밀어붙여 보면 알게 된다. "누가 계속 살라고 칼 들고 협박했냐? 사는 게 힘들면 그냥 죽어!"

'누칼협'의 유서 깊은 자매품으로 "억울하면 출세(성공)해라"가 있다. 특히 문화예술·집필 노동은 예로부터 양극화로 악명 높았다. 극소수가 대부분의 파이를 차지하고 나머지는 최저생계 선 아래로 내몰리기 일쑤다. 한편으로는

'스타'가 되기만 하면 모든 걸 단번에 보상받고도 남기 때문에 "그때까지는 와신상담하며 부당한 처우도 참아야 한다"는 도착적인 심리가 광범위하게 퍼져 있기도 하다. 하지만 성공하면 큰 보상을 받는다는 사실이, 성공 못한 이가 턱없이 낮은 보수나 부당한 멸시를 견뎌야 할 이유는 될 수 없다. 만약 그런 논리가 당연했다면 영화인노조나 예술인노조는 출범할 수조차 없었을 것이다.

앞서 정체성 질문으로 돌아가 보자. 작가는 노동자일까? 현행 법률이나 사회 통념상으론 노동자보다 자영업자에 가깝다고 할 수 있다. 그러나 시대가 변했다. 플랫폼 배달노동자도 이제 여러 나라에서 법률상 노동자로 인정받고 있다. 작가 일은 상대적으로 자유롭고 자기표현적 성격이 강하지만, 그렇다고 노동이 아닌 것은 아니다. 최근 할리우드 작가조합이 넷플릭스·디즈니 등 초거대 미디어 제작업체 연합과의 싸움에서 이겼다는 소식이 들린다. 이들은 노동조합trade union이 아니라 '길드Writer's Guild'라는 이름을 걸었다. 한국의 작가노조는 어떤 모습이 될까? 아직 안갯속을 헤매는 느낌이지만 이것 하나는 명료하다. 존엄을 걸고 부당함에 맞서는 결사association가 많아질수록 그 사회는 성큼 진보한다.

나폴리 사람처럼

2023-08-31

'무손상, 무왜곡, 무결함, 완전함'을 아름다움은커녕 꺼림칙함으로 느끼는 감각이 나폴리 사람들의 특징이다. 완벽한 사물은 자족적이라서 인간의 개입을 용납하지 않는다. 쉽게 말해 '씹고 뜯고 맛보고 즐길' 수 없고, 그래서 바라보며 찬탄할 수는 있어도 관계를 맺을 수는 없다.

얼마 전 유럽의회는 스마트폰에 탈부착 가능한 배터리를 사용하도록 강제하는 법안을 통과시켰다. 이로써 몇 년 안에 유럽에서는 소비자가 배터리를 교체할 수 있는 스마트폰만 판매될 예정이다. '수리할 권리'를 법제화한 것이다. 그동안 소비자들은 배터리 수명이 다하면 기능상 아무 문제 없던 스마트폰을 새것으로 교체해야 했다.

누구나 느꼈을 것이다. 멀쩡하던 제품이 보증 기간이 지나자마자 이런저런 고장을 일으키는 기이한 현상 말이다. 오늘날 많은 기업은 부러 내구성이나 기능을 제한해 출시한다. 그래야 새 제품을 사니 의도적으로 제품 수명을 줄인다. 바로 '계획적 진부화'다. 기업들은 물건을 팔아먹을 때는 완전무결한 물건이라고 과시하다 의도적으로 수명을 다하게 함으로써 또 다른 완전무결한 물건으로 갈아타게 강제해왔다. 소비자로서는 불필요한 지출이고 생태환경을 더 파괴한다는 점에서, 기업만 빼고 모두가 피해를 보는 상황이다.

일본의 농업사학자 후지하라 다쓰시는 《분해의 철학》에서 나폴리 사람들의 흥미로운 면모를 소개한다. 그는 "자동으로 기능하는 손상 없는 신품은 나폴리 사람에게는 근본적으로 왠지 꺼림칙하다"는 알프레트 존레텔의 말을 인용하며 이렇게 덧붙인다.

> 여기서 중요한 것은 무손상, 무왜곡, 무결함, 완전함에 대한 나폴리 사람의 혐오감이며, 또한 두려움이다. (…) 망가진 것의 수리를 통해 그 메커니즘을 몸으로 이해하고 나서야 비로소 사물과 깊은 관계를 맺을 수 있다는 것이 나폴리 사람의 철학이다.[9]

다시 강조하건대 '무손상, 무왜곡, 무결함, 완전함'을 아름다움은커녕 꺼림칙함으로 느끼는 감각이 나폴리 사람들의 특징이다. 그런데 보통은 반대 아닌가? 대개는 손상 없고 매끈한 것이야말로 선호와 경탄의 대상이다. 끄트머리가 깨졌거나 이음새가 어긋나 있는 사물은 실망스럽고 그래서 평가절하된다. 잠수 장비나 의료 장비처럼 기능적 완벽성이 요구되는 사물이 있긴 하지만, 세상 대부분 물건은 그렇게 완벽하지 않아도 대충 잘 작동한다. 오히려 문제는 완전무결에 대한 강박과 집착이다. 완벽한 사물은 자족적이라서 인간의 개입을 용납하지 않는다. 쉽게 말해 '씹고 뜯고 맛보고 즐길' 수 없고, 그래서 바라보며 찬탄할 수는 있어도 관계를 맺을 수는 없다. 관계 맺지 못하는 대상은 뭐가 들어 있는지 알 수 없는 검은 상자처럼 불길하다.

게다가 '무손상, 무왜곡, 무결함, 완전함'의 미덕이 인간을 향할 경우, 사태는 불길한 정도를 넘어 공포일 수 있다. 완전무결한 인간에 대한 갈망은 우생학, 나치즘의 이념과 직결된다. 완전무결한 인간, 결함 없는 유전자의 반대편에는 기묘하고 손상되고 냄새나고 아픈 사람들이 있다. 완전무결을 추구하는 위대한 도정에서 이런 존재들은 끔찍한 장애물이다. 이 관점에서 보면 불구의 인간, 잉여의 인간, 한마디로 열등한 인간을 세계에서 지우는 행위는 잔혹하긴 하나 필요불가결하다. 이른바 나치의 '최종 해결책'이다.

완전무결한 사물과 완전무결한 인간은 전혀 다른 차원일까? 물론 정확히 동일한 문제는 아니다. 아마도 완전무결한 사물을 욕망하는 사람들 대부분은 우생학에 심취하거나 나치가 되지 않을 것이다. 그렇다고 질적으로 다른 문제냐 하면 그렇지는 않다. 인간도 사물이다. 나치즘이 적어도 공식 무대에서 사라진 21세기 들어 오히려 '인간 증강 human enhancement/augmentation'은 각광받고 있다. 그것은 인간을 철저히 사물로 대하지 않으면 애당초 불가능한 프로젝트다.

인간과 자연을 날카롭게 나누고, 자연을 마음대로 변형하는 것을 문명이라 부르며 찬양하고, 인간이 한낱 짐승이나 사물처럼 취급되는 것에 반대하기. 서구가 꽃피운 근대적 사고의 특징이다. 하지만 인간을 만물의 영장으로 치켜세운 근대 사회는 놀랍게도 '인간으로 대할 인간'과 '사물로 대할 인간'을 구별 지었다. 그 결과 서구 근대의 '끝'은 나치즘이 됐다. 인간 이외의 모든 것을 함부로 대하는 인간은 끝내 인간에게도 그럴 공산이 크다. 또한 완전무결한 상품, 신품만을 욕망하는 사회는 인간에게도 같은 것을 욕망할 가능성이 크다. 그러므로 이렇게 말하고 싶다. '인간을 사물로 대하지 말라'고 하기보다는 '사물을 인간처럼 대하라'. 마치 나폴리 사람처럼.

글쓰기의 어떤 윤리

2023-08-13

사적인 삶은 나만의 것이 아니라 내 가족, 내 가까운 지인에 깊이 연루된 것이다. 공적 글쓰기의 어떤 윤리는 의료인, 변호인, 사제의 비밀 엄수 의무와 본질적으로 다르지 않다. 특별한 경우가 아니면, 그것은 영원히 불문에 부쳐져야 한다. 이것은 공사 구분의 원칙이라기보다 일종의 직업윤리다.

글쓰기에서 가장 중요한 건 욕망, 원칙, 태도다. 욕망이 글을 쓰게 하고, 원칙이 윤곽과 밀도를 정하고, 태도가 냄새와 온도를 정한다.

직장을 그만두고 매문賣文으로 살아온 지가 올해로 15년째다. 나는 글쟁이로서의 야망, 미문에 대한 욕심이 없는 사람이다. 특별히 글쓰는 연습(필사라든가 수업 등)을 체계적으로 해본 적이 없고, 그래서 글쓰기에 대해 거창하게 말할 것도 거의 없다. 글쓰기를 고민하고 연습할 시간에 차라리 책 한 권, 논문 한 편 더 읽자는 주의다. 물론 글을 쓸 때 필요한 테크닉은 실제로 여러 해 동안 학생들에게 가르쳐왔다. 하지만 그리 결정적인 부분이라 생각하진 않는다.

그래서 내 글쓰기 수업은 종종 '反글쓰기' 수업이 된다. 가장 중요한 것, 문채(문체 말고 文彩)를 결정하는 건 기술이 아니라 욕망, 원칙, 태도다. 욕망이 글을 쓰게 하고, 원칙이 윤곽과 밀도를 정하고, 태도가 냄새와 온도를 정한다. 매문을 시작하며 혼자서 다짐한 게 하나 있다. 어떤 일이 있어도 내 사생활을 팔아먹지 말자는 것이다. 그 유혹을 이기지 못하고 내밀한 개인 서사를 파먹고 또 파먹다 끝내 몰락한 글쟁이들이 많다. 그들은 실제로 내 반면교사이기도 하다.

그러나 내가 다짐한 진짜 이유는 따로 있다. 사적인 삶은 나만의 것이 아니라 내 가족, 가장 가까운 지인에 깊이 연루된 것이기 때문이다. 내 생각에 공적 글쓰기의 어떤 윤리는 의료인, 변호인, 사제의 비밀 엄수 의무와 본질적으로 다르지 않다. 특별한 경우가 아니면, 그것은 영원히 불문에 부쳐져야 한다. 이것은 공사 구분의 원칙이라기보다 일종의 직업윤리다.

물론 요즘 한국에서는 변호인이나 사제가 이 윤리를 숨 쉬듯 어기는 꼴을 심심찮게 볼 수 있다. 이렇게 말하면 "무슨 소리냐, 너도 사적 이야기를 글에 쓰기도 하고 매일 페이스북에 올리지 않냐"고 할 사람도 있겠다. 미안하지만 그런 건 진짜 내밀한 사생활이 아니다. 지면과 소셜미디어에 내보이는 삶은 이미 '파인 튜닝'을 거친 것이다. 실제 내 모습과는 꽤 거리가 있다.

사적 삶을 착취하는 글과 사적 삶을 공적으로 전유하는 글은 전혀 다른 것이다. 사적 삶은 착취당하면 금세 고갈되어버리지만, 공적으로 번역된 사적 삶은 창작의 원천으로 내면에 보존된다. '사적 삶의 공적 전유'를 글로 적어놓고 보니 너무 쉬워 보이는데 당연히 그 일은 사유와 숙성이, 쉽게 말해 품이 엄청나게 들어가는 일이고, 가성비로 따지면 최악 중의 최악이다. 그럼에도 매문가들은 이 가성비 나쁜 일을 피할 수가 없는데, 사적인 삶 곧 우리의 일상이야말로 지적 영감의 원천이자 정치의 최전선이기 때문이다. 그렇다고 사적 일상이 날것 그대로 공개되어도 좋은가 하면 그렇지는 않다. 사적 삶은 체계나 사회 구조로 완전히 환원되지 않는 고유성을 지니고 있으며, 이는 우리 내면, 나아가 사회적 관계들의 건강성을 지키는 데 필수적인 까닭이다. 그러므로 사적 삶을 공적으로 전유할 때는 '사려 깊게 드러내기'라는 고도의 기예가 발휘되어야 한다.

반대로 말하면, 오랫동안 공적 발화를 해온 이들이 갑자기 자기 사적 삶, 그것도 보는 사람이 버거울 정도로 내밀한 이야기들을 급격히 쏟아내기 시작하면 주의해야 한다. 높은 확률로 그는 어떤 문제를 겪고 있는 게 분명하다. 지인이라면 만나서 이야기를 나눠보거나 전문가의 도움을 조심스레 조언할 필요도 있다. 하지만 그 상태 그대로 내버려두면 망가지는 경우가 적지 않다. 소셜미디어 시대가 본격화하고 주목경쟁에 중독된 사람이 확산하면서, 과거에 비해 이런 일이 훨씬 많아진 느낌이다. 이건 순전히 나의 주관적 경험이므로 믿을 필요는 없다.

어떤 지옥은 필요하다

2023-08-03

우연한 만남은 언제든 무례한 간섭이 될 위험이 있다. 하지만 그렇게 예측 불가능한 만남이기에 가치가 있다. 그런 만남에서야말로 인간은 새로운 깨달음을 얻고 인식을 확장한다. 일어날지 모를 불쾌함을 피하기 위해 움츠러드는 것, 그런 태도가 모두에게 내면화되는 상황이 가장 나쁘다.

고등학교 문예반 시절, "타인은 지옥이다"라는 사르트르의 문장을 시에 쓴 적 있다. 중2병이 고1까지 지속된 탓인데, 당시 합평회에서 친구들이 감탄하며 따라 읊조리던 걸 떠올려보면 그들 역시 같은 환우였던 게 분명하다. 정작 그 문장이 실린 사르트르의 희곡《닫힌 방》을 읽은 건 스물 몇 살 때였던 것 같다. 그제야 알았다. 사르트르는 단순히 타인이 지옥임을 선언한 게 아니라, 타인이라는 지옥에 갇혀 있음에도 우리는 벗어날 수 없으며 심지어 기회가 주어져도 벗어나려 하지 않는다는 것이다.

여기까지 읽은 당신은 이렇게 투덜거릴지 모른다. "대체 이 사람 무슨 소릴 하고 있는 거야? 웹툰 얘긴 줄 알았더니……." 맞다. "타인은 지옥이다"라는 문구는 어떤 세대에겐 웹툰과 드라마 제목으로 더 익숙하다. 이 작품은 고시원이 배경인 스릴러다. 처음 나왔을 때 제목과 배경의 절묘함에 나 역시 무릎을 쳤다. 가장 비인간적인 주거 공간인 고시원이야말로 타인이 지옥이 되는 곳이니까. 80년 전에 쓰인 저 말이 이렇게 계속 소환되는 데에는 이유가 있다. 오늘날 우리가 타인을 점점 더 지옥으로 느끼며 스스로를 고립시키고 있기 때문이다.

일상에서 마주치는 '민폐' '진상'들과 선을 넘는 '갑질'들은 미디어를 타고 순식간에 공유된다. 그런 서사의 홍수 속에서 우리 삶은, 타인이 언제든 좀비처럼 튀어나와 목덜미를 물어뜯을지 알 수 없는 포스트 아포칼립스물(세계 멸망 이후 생존자의 삶을 다룬 창작물)이 된다. 인터넷이 대중화됐을 때 전문가들은 우리가 더 많은 타인과 만나고 그들을 더 깊이 이해할 수 있을 거라 주장했다. 돌아보면 참 맑고 순수했던 시절이었다. 오늘날 인터넷은 삶이 얼마나 공포스러운지, 타인이 얼마나 괴물인지 매 순간 확인하며 전율하는 현장이다.

소셜미디어는 어떨까. 경제학자 파비오 사바티니와 프란체스코 사라치노의 논문에 따르면, 페이스북은 사회자본을 늘리는 효과가 있다고 한다.[10] 그런데 페이스북은 전혀 몰랐던 타인을 알게 해준다기보다 기존 지인이나 집단과의 결속을 강화하는 경향을 보인다. 중요한 건 내㈜집단, 즉 자기가 속한 집단에 대한 신뢰가 올라가는 동시에 외집단에 대한 불신도 강해진다는 점이다.

물론 하나의 연구로 결론 내릴 단순한 문제는 아니지만, 끼리끼리 모이는 문화나 미디어 환경이 배타성을 강화하기 쉬운 조건임은 부정하기 어렵다. 예전엔 사람들이 많이 모인 장소에서 우연히 낯선 사람들과 대화하는 일이 흔했다. 이 분야 최고의 달인은 그야말로 스며들듯 말을 붙이는 넉살 좋은 할머니들이다. 반면 젊은 세대일수록 그런 접촉을 기피하며 심지어 전화 통화도 거부감을 느끼는 경우가 적지 않다.

물론 우연한 만남은 언제든 무례한 간섭이 될 위험이 있다. 하지만 그렇게 예측 불가능한 만남이기에 가치가 있다. 그런 만남에서야말로 인간은 새로운 깨달음을 얻고 인식을 확장한다. 일어날지 모를 불쾌함을 피하기 위해 움츠러드는 것, 그런 태도가 모두에게 내면화되는 상황이 가장 나쁘다. 정치학자 한나 아렌트는 시민들이 소극적 자유만 추구하면서 친밀성의 내적 영역으로 도피하는 경향을 '사사화privatization'라고 이름 붙였다. 그는 이것이 결국 공적 공간과 시민적 자유를 파괴한다고 경고했다.

어떻게 해야 할까? 하나의 대안은 '진정한 소셜 믹스'다. 소셜 믹스는 보통 아파트 단지 내에 분양 세대와 임대 세대를 함께 조성하는 정책을 의미하는데, 사실 이는 소셜 믹스라기보다 '하우징 믹스'에 가깝다. 고립의 시대가 심화하며 만들어내는 문제들을 해결해가기 위해서는 그 정도 수준을 한참 넘어서야 한다. 요컨대 가슴이 웅장해질 정도로 장대한 사회적 뒤섞임이 필요하다. 만나기 싫은 사람을 억지로 만나라는 게 아니라 타인과 우연히 마주칠 기회를 많이 만들어야 한다는 것이다. 온라인으로 거의 모든 일상을 해결할 수 있는 시대이기에 더더욱, 익명의 타인을 직접 마주할 기회를 인위적으로라도 만들어내는 게 절실하다. 그 과정에서 우리는 주류-정상에서 벗어난 이상한 사람과 아픈 사람, 떼쓰고 시끄럽게 떠드는 아이들을 더 많이 만나게 될 것이다. 그건 필시 부작용이 속출하는 타인의 지옥일 테지만, 각자도생과 고립의 지옥에 비하면 훨씬 낫다.

교사 인권 침해와 소비자주의

2023-07-23

이른바 '학부모 갑질'이 민감한 이슈로 떠올랐다. 이 사안에서 딱 하나의 핵심을 굳이 집어낸다면 무엇일까? 그것은 일부 학부모들에게 내면화된 소비자주의. 이것은 학부모가 교사에게 일상적으로 민원을 제기할 수 있게 하는 정당성의 원천이다. 1인 1표의 민주주의마저 형해화하는 지금, 남아 있는 유일한 주인 이념은 '1원 1표'의 시장주의-소비자주의다.

서이초등학교 교사 자살 사건을 계기로 이른바 '학부모 갑질'이 민감한 이슈로 떠올랐다. 교사 인권 침해에는 여러 겹의 쟁점들이 충적되어 있다. 예컨대 교권 개념. 교권을 학생 인권에 대립시키면서 교육자의 권위를 강조하는 극우보수의 입장에 당연히 동의하지 않지만, 교권이란 개념이 실체적으로 존재하지 않고 노동권의 문제일 뿐이라는 식의 진보 일각의 '납작한' 논리에도 동의하지 않는다. 교원의 불체포 특권 등 교권의 제도적 실체는 존재하기 때문이다. 이런 문제의식에 따라 나는 '교권 침해'가 아니라 '교사 인권 침해'

라는 말을 쓸 것이다. 이 사안에서 딱 하나의 핵심을 굳이 집어낸다면 무엇일까? 내 생각에 그것은 일부 학부모들에게 내면화된 소비자주의다. 이것은 학부모가 교사에게 일상적으로 민원을 제기할 수 있게 하는 정당성의 원천이다.

소비자주의는 단순하게 말하면 소비자가 왕이라는 마인드이고, 구매자가 응당 지니는 메리트라는 점에서 자격 적합성의 정치인 능력주의의 친족이념이다.[11] 소비자주의는 과거에도 존재했지만, 오늘날처럼 강성하진 못했다. 다른 주인 이념master ideology들이 많았기 때문이다. 유교문화권 특유의 권위주의나 공동체적 온정주의 등도 소비자주의를 결과적으로 제어하는 기제였을 것이다. 그러나 모든 거대 이념이 종언을 고한 지금, 1인 1표의 민주주의마저 형해화하는 지금, 남아 있는 유일한 주인 이념은 '1원 1표'의 시장주의-소비자주의다.

현실에서 교육은 학력자본 축적의 토대로, 특히 중산층이 가장 예민하게 반응하는 '입시 시장'으로 현현한다. 어느 누구도 '주관적'으로는 자기 자식을 상품이라 여기지도, 말하지도 않는다. 하지만 지위 상승 욕망에 사로잡힌 중산층의 사회적 실천을 보면 '객관적'으로 그들은 자식을 상품으로 취급하고 있다. 끝없이 상대 우위의 스펙을 확보해야 하는 상품. 최종 스펙은 일타강사로 상징되는 사교육에서 조율되지만, 거기까지 도달하는 인프라로서 공교육은 의미가 결코 작지 않다. 사교육이 제품의 연구개발 랩lab 또는 생산라인이라면, 공교육은 고속도로 등의 필수 물류망이라고 할까. 중산층 학부모에게 최종 완성 이전의 상품, 즉 자녀는 지극히 예민하고 불안정한 상태에 있는 것으로 여겨진다. 또한 공교육 현장의 교사는 일정 기간 상품을 최상의 상태로 유지하고 학원까지 운송해야 할 의무가 있다고 간주된다.

그리고 바로 그 맥락에서 소비자 갑질은 극대화할 조건을 갖춘다. 공교육 현장의 노동자, 즉 교사는 어떤 완충장치 없이 학부모들의 일상적 감시와 간섭에 노출되며 새벽에도 올라오는 학부모의 불만에까지 피드백해야 하는 극한의 감정 노동에 시달리게 된다. 외국의 경우 학부모의 일상적 민원을 담당 코디네이터나 교장이 담당하지만 한국은 전부 평교사가 감당한다. 이번 초등학교 교사의 자살에 이토록 많은 교사들이 추모하고 하나의 사회적 현상으로까지 나타나고 있는 직접적 이유도 여기에 있다. 오랫동안 누적된 불만이 일거에 터져나오고 있는 거다.

이 부분, 학부모와 교사의 일상적 직접 접촉을 제도적으로 개선하는 일은 중요하고도 시급하다. 하지만 동시에 제도는 완벽하지 않다는 것을 명심해야 하겠다. 모든 제도엔 구멍이 있고 진상과 빌런은 그 틈새를 기가 막히게 찾아낸다. 교사와 학부모의 접촉을 가능한 간접화하는 일은 비유컨대 응급환자를 살리는 일이다. 피해자 보호라는 점에서 긴급하고 절박하다. 하지만 애당초 가해자의 양산을 막는 것, 응급상황이나 질환을 예방하는 일도 못지않게 중요하다. 사회 전반에 만연한 소비자주의를 억제하는 일이 여기 해당한다. 이는 교사만이 아니라, 아파트 입주자들에게 온갖 갑질을 당하는 경비 노동자 등 한국 사회의 많은 영역에 동시에 적용되는 사안이다.

보다 근본적인 문제는 극단적으로 분절되어 사실상 신분제 시스템이 되어버린 정규직/비정규직의 이중노동 시장이고, 이 시장에서 지대 추구적 직업을 얻기 위해 반드시 필요한 것이 소위 명문대 학력이라는 점이다. 요컨대 노동의 불평등을 해결하지 않고서는 불공정 논란, 입시지옥 같은 한국형 능력주의의 해악은 결코 근원적으로 해소될 수 없다. 교사 인권 문제에서도 그나마 정규직 교원 피해자는 관심과 공감이라도 얻는다. 기간제 교사 등 비정규직 교원은 '교권 보호'의 온전한 대상이 되지 못하거나 심지어 거론조차 되지 않는 경우도 적지 않다. 이런 현실 또한 불평등 문제가 얼마나 뿌리 깊은지를 적나라하게 보여준다.

그런데 이런 불평등을 해결하려면 단순히 차별을 시정하는 정도를 넘어서 일의 사회적 가치 평가 자체를 변환해야 한다. 즉, 단시간에 해결되기 어려운 구조적 문제다. 다만 우리는 능력주의나 소비자주의에 대해서 적어도 사회적 경각심을 환기해볼 수 있을 것이다. 지금까지 그것은 의문의 여지 없이 수용되어온 태도이자 멘탈리티였지만, 이런 사건들을 계기로 과도한 능력주의나 소비자주의가 얼마나 해악인지 널리 공감하게 되지 않을까.

도덕적 피로감의 쓸모

2023-06-08

부정적 뉘앙스 때문에 오해하기 쉽지만 사실 도덕적 피로감은 나쁜 게 아니다. 오히려 우리가 건전한 윤리감각을 품고 있음을 보이는 강력한 증거다. 슈어가 집요하게 도덕적 피로감을 언급하는 이유도 그것이 해롭거나 기피해야 할 무엇이어서가 아니라, 우리가 직시하고 견뎌내야 할 삶의 조건이기 때문이다.

차별적 문화나 언어에 대한 문제제기가 늘어나면서, 동시에 피로감을 호소하는 사람도 늘어난 것 같다. 드라마 〈굿 플레이스〉 〈더 오피스〉의 프로듀서 마이클 슈어는 최근 펴낸 책에서 '윤리적 삶의 어려움'을 토로한다.

피넛버터에 잼 바른 샌드위치 좋아하는구나? 맛있겠네. 그 이기적인 네 점심 메뉴 때문에 땅콩알레르기로 고통받고 실제로 죽을 수도 있는 어린이 1천만 명은 상관없나 보네.

기원전 340년에는 개인의 선택이 야생동물 생태계에 미치는 해로운 영향을 아무도 몰랐다. 지금은 모든 것을 알고 있다. 설사 모르는 게 있어도 어딘가에서 잘 아는 사람이 나타나 아주 친절하고 철저하게 우리의 죄를 일깨워준다.[12]

슈어는 저런 상황에서 느끼는 감정을 '도덕적 피로감Moral Exhaustion'이라 표현한다. 그에 따르면 자신의 일상 속 행동, 말 한마디가 가지는 윤리적 의미를 주의 깊게 고민하는 사람일수록 윤리적 딜레마를 발견할 확률이 높고 도덕적 피로감을 더 강하게 느낀다. 어떤 행동을 해도 윤리적 문제를 발생시키기 때문에 차라리 이런 고민 자체를 하지 않으려는 유혹에 빠지기도 한다. 한국에서 흔히 'PC Political Correctness(정치적 올바름)'라고 불리는 개념 역시 이와 관련이 있다.

'먹고살기도 바쁜데 저런 것까지 고민해야 돼?' 솔직히 이런 생각을 한 적이 없지 않았다. 몇 년 전, '결정장애'라는 말을 왜 쓰면 안 되는지를 설명하는 책을 읽으며 내 피로감은 극에 달했다. 물론 머리로는 왜 그게 장애인 차별적 표현인지 충분히 이해했다. 그러나 마음 한편에선 쓰면 안 되는 표현들 목록을 끝도 없이 작성하는 일에 왠지 좀 삐딱한 감정이 솟아났던 것 같다. "거참, 이러다가 무슨 말 한마디를 못하겠네." 무심코 뱉고 보니 어디서 많이 들어본 소리다. 기업에 성희롱 예방 교육이 하나둘 생겨나던 무렵 남자 부장님 및 이사님 단골 레퍼토리. 깨달은 순간 수치심에 혀를 깨물고 싶었다.

　부정적 뉘앙스 때문에 오해하기 쉽지만 사실 도덕적 피로감은 나쁜 게 아니다. 오히려 우리가 건전한 윤리감각을 품고 있음을 보이는 강력한 증거다. 슈어가 집요하게 도덕적 피로감을 언급하는 이유도 그것이 해롭거나 기피해야 할 무엇이어서가 아니라, 우리가 직시하고 견뎌내야 할 삶의 조건이기 때문이다. 하지만 윤리적이고자 하는 사람들이 일상에서 도덕적 피로감에 시달리는 반면, 도덕적 피로감을 못 느끼거나 적극적으로 안 느끼는 자들이 있다. 잎새에 이는 바람에도 괴로워하는 시인이 있는가 하면, 자식의 입시비리 증거가 쏟아져나오고 법적 판단까지 나온 다음에도 "내 딸 때문에 피해 본 사람 없다"고 주장하는 전직 장관도 있다.

　남이야 피해를 보건 말건, 공동체가 무너지건 말건 제 이기심을 충족하는 것만이 삶의 유일한 목표인 자들은 도처에 널려 있다. 특히 사회적 지위가 높은, 소위 말하는 성공한 자들일수록 도덕적 불감증에 빠진 경우가 많다. 이들이 뻔뻔하게 활개 치는 상황은 내버려둔 채 우리만 자그마한 부도덕에도 전전긍긍하는 게 썩 공평해 보이지는 않는다. 그 상황은 도덕적 피로감을 가중하고 사회 전반에 윤리에 대한 냉소를 전염시킨다. 도덕적 불감증에 적절히 제재를 가하지 않으면 도덕적 피로감 역시 나쁜 쪽으로 변질하기 쉽다.

　그러므로 도덕적 불감증은 제재돼야 한다. 경제인류학자

새뮤얼 보울스와 허버트 긴티스에 따르면 인간은 '이타적 처벌자'다. 인간에게는 설령 내가 손해를 보더라도 배신자, 무임승차자를 기어코 처벌하려는 성향이 있다. 일종의 본능이다. 본능이라고 다 정당한 건 아니지만 어쨌든 공동체를 유지하는 데 도움을 주기에 그렇게 진화해왔다.

일상적 표현이나 대중문화에 도덕적으로 개입하려는 시도는 사회 정의의 문화적 기반이 될 수 있기에 바람직하다. 다만 한 가지 준칙이 필요하다. '공평하게 관대하라.' 우선 우리가 완벽하게 도덕적일 수 없다는 점을 겸허히 인정하자. 우리 부족이라고 눈감아주지 말고 상대 부족이라고 과도하게 가혹해선 안 된다. 사람마다 자원과 정보의 접근성이 다르다는 사실에도 유의해야 한다. 요컨대 약자의 부도덕에는 더 관대하고 강자의 부도덕에는 더 엄격해야 한다. 잘 조절된 피로는 근육을 강화한다. 도덕도 마찬가지다.

도서관 죽이기,
민주주의를 파괴하려는

2023-05-11

도서관을 없애거나 독서실로 만드는 일의 의미는 책을
치워버리는 데 그치지 않는다. 그것은 시민을 고립시키고
각자도생에 몰두하게 함으로써 지배체제에 무관심하게 만든다.
궁극적으로 그것은 민주주의와 정치 자체를 파괴하려는 시도다.
그래서 그들은 합창한다. "고립시켜라! 정신없게 만들어라!"

'도서관 죽이기'가 벌어지고 있다. 서울 마포구청장 박강수는 2022년 말 "작은도서관 아홉 곳을 폐쇄하고 독서실로 만들겠다"고 선언했다. 그는 도서관 예산의 약 3분의 1을 삭감한다고도 했는데, 송경진 마포중앙도서관장이 이에 문제를 제기하자 그를 파면했다. 또한 박강수는 출판편집자, 작가, 번역가, 디자이너가 모여 일하는 공공기관 '플랫폼P'를 폐쇄하고 운영을 중단하겠다고 했다. 이쯤 되니 대체 뭐 하던 사람이기에 이러는지 궁금해졌다. 프로필을 보니 '한국유튜브방송협회 의장'이라고 적혀 있다.

마포구를 제외하면 대구시가 제일 '화끈'하다. 265곳에 이르는 작은도서관 예산 전액을 날려버렸다. 2023년 1월에는 서울시가 작은도서관 지원 예산을 삭감했다는 보도가 있었고, 이후 철회했다는 소식이 들렸다. 시민들 스스로 도서관을 위기에 빠트리기도 한다. 최근 동작도서관은 '시세차익형 재테크, 주식, 부동산, 가상화폐' 등 관련 희망도서 구입을 잠정 중단하겠다고 공지했다. 시민들 희망도서가 특정 분야에 편중돼 장서 불균형이 극심해졌다는 이유다.

돌아보면 우파 정권은 어김없이 책을 공격했다. 이명박 정권 때 국방부 불온서적 사태가 대표적이다. 박근혜 정권 당시 청와대가 "작은도서관과 공동육아협동조합 등에 좌파가 있다"며 대책 마련을 논의한 일이, 소위 '캐비닛 문건'을 통해 확인된 적도 있다. 윤석열 정권 들어서는 검열보다 책과 책이 있는 공간 자체에 대한 강한 적의를 드러냈다.

도서관은 생각보다 중요한 의제다. 문화나 교양 차원보다는 구체적이고 실용적인 이유에서다. 돈을 내지 않으면 앉을 곳조차 찾기 힘든 도시에서, 도서관은 무료로 만남의 공간과 쉼터를 제공한다. 좋은 책을 공짜로 읽고 빌릴 수 있을 뿐 아니라 영화를 감상하거나 비교적 저렴한 가격에 식사하고 차 마실 수 있는 곳도 적지 않다. 선진국들이 도서관에 막대한 돈을 쏟아붓는 이유가 여기에 있다. 도서관은 단지 책을 쌓아두고 공부하는 곳이 아니라 시민들끼리 서로를 연결하고 돌보는, 일종의 커뮤니티 허브이기 때문이다. 정보화 시대이기에 오히려 도서관의 가치는 대체 불가능한 것이 됐다.

최근 적지 않은 학자들이 사회적 고립에 주목한다. 사람들은 디지털로 과도하게 연결돼 있으면서도 정작 인간관계에선 고독하다. 정치경제학자 노리나 허츠는 고독이 단지 개인 문제가 아니라 "소외, 양극화, 극단주의를 야기하는 사회문제"라고 말한다. 한국 사회의 '외로움'에 주목해온 정치철학자 김만권은 "손 내밀 곳이 줄어드는 이들이 그 이유를 사회적 약자들에게서 찾고 있다"면서 이렇게 진단한다. "외로움이 민주주의를 위협하고 있다."

인지심리학자의 연구에 따르면, 스마트폰이 옆에 있기만 해도 인지 능력이 줄어든다고 한다.[13] 폭발적으로 늘어난 정보량에도 불구하고 인간의 인지능력은 1만 년 전과 별로 다르지 않다. 그래서 사람들은 '세 줄 요약'을 요구하고 음모론에 중독되며 인터넷에서 주워들은 지식으로 전문가를 공격한다. 또한 '사실'과 '의견'을 구별하지 못해 매번 피싱메일에 낚인다. 이는 교육받지 못해서라기보다 생각할 시간과 장소가 부족해서다. 우리 뇌의 이런 상시적 위기 상태를 묶어서 나는 '인지 빈곤 cognitive poverty'이라 부른다.

혐오 세력, 파시스트에게 외로움과 인지 빈곤은 꿈같은 환경이다. 도서관을 없애거나 독서실로 만드는 일의 의미는 책을 치워버리는 데 그치지 않는다. 그것은 시민을 고립시키고 각자도생에 몰두하게 함으로써 지배체제에 무관심하게 만든다. 궁극적으로 그것은 민주주의와 정치 자체를 파괴하려는 시도다. 그래서 그들은 합창한다. "고립시켜라! 정신없게 만들어라!"

레이 브래드버리의 환상소설《화씨 451》에는 책을 불태우는 직업인 방화사 fireman가 등장한다. 브래드버리는 텔레비전 등장으로 인한 문화 파괴 현상을 비판하기 위해 소설을 썼다고 밝혔다. 무려 70년 전인 1953년 소설인데도 소름 끼치도록 현재적이다. 지금 한국은《화씨 451》의 세계와 얼마나 다른가. 향후 수십 년간 '고립'과 '인지 빈곤'은 우리를 괴롭힐 난치병이 될 것이다. 단언컨대 도서관은 우리가 가진 것 중 가장 싸고 강력한 치료제다.

'그쪽이야말로주의'를 넘어서 2023-03-16

왓어바웃이즘 whataboutism, '그쪽이야말로주의'는 상대가 내 잘못을 지적하면 "너야말로!" "사돈 남 말 하네!"라고 받아치는 것이다. 기초논리학에서 배우는 '피장파장의 오류'와 비슷하다. 그건 상대의 잘못을 끄집어내 내 잘못을 정당화하는 진술이다.

방탄소년단BTS 리더 RM이 스페인 매체《엘파이스》인터뷰에서 한 이야기가 화제다. 정확히 말하면 '추앙'받는 중이다. K-팝의 "젊음과 완벽성, 과도한 훈련에 대한 숭배"에 관해 기자가 묻자 RM은 이렇게 답했다. "당신들은 영국, 프랑스처럼 과거 다른 나라를 식민지로 삼아 성공했지만, 우린 70년 전만 해도 아무것도 없는 나라였어요. 죽어라 열심히 노력해서 겨우 여기까지 온 거라고요. 물론 그림자는 있지만 빠르고 격렬하게 일어난 모든 일엔 부작용이 있는 법이죠."

이 대답에 다들 "통쾌하다" "후련하다" "역시 똑똑하다"며 야단법석이다. 대중이야 그럴 수 있다. 그런데 언론과 지식인들까지 호들갑에 적극 동참하는 꼴을 보니 쓴웃음이 나온다. 언론·지식인이 누구보다 국뽕에 취해 있는 게 어제오늘 일은 아니지만, 볼 때마다 아연한 건 어쩔 수 없다. RM의 답변이 제법 재치 있긴 했지만 그리 현명하게 느껴지지는 않는다. 전형적인 '그쪽이야말로주의'로 들릴 수 있기 때문이다. 왓어바웃이즘Whataboutism, '그쪽이야말로주의'는 상대가 내 잘못을 지적하면 "너야말로!" "사돈 남 말 하네!"라고 받아치는 것이다. 기초논리학에서 배우는 '피장파장의 오류'와 비슷하다.

예를 들면 이런 거다. 우리는 참인 명제 두 개를 알고 있다. ①서구가 쌓은 번영의 이면에는 식민지 착취가 있다. ②K-팝 영광의 이면에는 과도한 훈련, 갑질, 청소년 억압 등이 있다. ①과 ②는 모두 참이며 이에 대한 비판은 합당하다. 그런데 여기서 ②에 대한 지적을 ①에 대한 지적으로 대응하면 일종의 동문서답이 되고 만다. 그건 상대의 잘못을 끄집어내 내 잘못을 정당화하는 진술이다. 그쪽이야말로주의는 냉전기 소련의 선전술이었고 지금은 북한과 중국이 인권탄압 지적에 맞서 내미는 논리이며 한국의 정치인 및 브로커들, 특히 이준석·김어준류가 가장 잘 써먹는 논법이다.

K-팝의 '그림자'는 으레 있는, 감수해야 하는 부작용 같은 게 아니다. 그것은 적극적으로 개선해야 할 심각한 사회

문제다. 얼마 전에도 《뉴욕 타임스》가 그룹 오메가엑스 사례를 통해 K-팝 소속사와 가수 사이 착취 논란을 다뤘는데, 이를 두고도 일각에서는 여지없이 'K-팝을 질투한 서구 언론의 흠집 내기'라는 식의 반응이 나왔다. 그러나 이는 예외적 사건이 아니라 한국 문화산업 전반에 상존하던 문제다. 서구 언론을 포함해, 문제 제기가 잇따라 터져나오지 않았다면 그동안 당연하게 넘어갔던 부조리들이 수면 위로 올라오기 어려웠을 테고, 표준계약서 대신 관행이라는 미명 아래 아직도 노예 계약이 횡행하고 있을 것이다.

K-팝의 눈부신 성공이 이 문제들을 가릴 수 있다고 여긴다면 또 하나의 오류를 범하게 된다. 생존자 편향survivorship bias 말이다. 전체 사례 중 성공 사례만 주목해 그보다 훨씬 많은 실패 사례는 보지 못하는 인지적 오류다. 한국인의 유난스러운 능력주의 선호, 특히 사법시험에 대한 각별한 사랑도 이것으로 설명할 수 있다.

과거에 너무나 많은 청년이 사법시험에 매달리다 '사시 폐인'이 되어 인생이 망가졌다. 그럼에도 극소수 합격자의 사례만 주목해 사법시험을 '가장 공정한 경쟁'이라 칭송하며 사시 부활을 외치는 이들이 여전히 많다. K-팝도 마찬가지다. 극히 예외적 성공이라 할 수 있는 방탄소년단 같은 경우를 가지고 K-팝이나 K-컬처 전체를 설명할 수는 없다. 아무리 승자독식 경향이 강한 대중문화 영역이라 할지라도 지켜야 할 선이 있다. 무명의 연습생이 최소한의 인간적 존엄을 지키며 꿈을 향해 달릴 수 있게 하는 것, 그건 제2의 방탄소년단을 만드는 것 이상으로 중요한 일 아닐까.

역사상 한국 문화의 위상이 가장 높은 시대라고들 한다. 그런데 한국의 어린이와 청소년은 2000년대 들어 가장 많이 자살하고 있다. 2021년 기준 아동·청소년 자살률은 10만 명당 2.7명에 달한다. '진짜'라는 말, '선진국'이라는 말을 결코 좋아하지 않지만 오늘만 따옴표 붙여 쓰겠다. '진짜 선진국'은 자기 허물을 냉철하게 직시하는 나라다. 진정 강한 나라는 강자·승자만 바라보는 나라가 아니라 다치고 쓰러진 이를 오롯이 돌보는 나라다. 식민주 극복은 새로운 제국이 되는 게 아니라 어떤 나라도 식민지가 되지 않는 것이다.

낚이는 인간, 배우는 기계

2023-02-16

이미 인류는 대부분 시간을 콘텐츠를 가장한 광고, 혐오 선동, 포르노 등 온갖 주목경쟁에 '낚이는 hooked' 데 보낸다. 그나마 어떤 주제를 직접 고민하고 스스로 공부하던 우리의 짧은 시간마저 인공지능에 몽땅 넘겨버리고 나면, 깊이 배우는 deep learning 유일한 존재는 기계가 될 터다. 그게 바로 정치의 종말이고 인간이라는 종의 마지막 모습일 것이다.

인간은 직접 고민하고 스스로 공부하기보다 다양한 주목경쟁에 낚이고 있고, 기계는 더 많은 것들을 더 깊이 배우고 있다.

오픈AI사의 대화형 인공지능 챗지피티ChatGPT의 놀라운 성능이 화제다. 앞으로 이런 대규모언어모델LLM이 일상화하면 사람들이 웹사이트에 방문하지 않고 인공지능에 질문을 바꿔가며 지식을 습득하려 할 것이므로 정보 검색 패러다임이 바뀔 수 있다. 이제 학생의 보고서가 챗지피티로 작성됐는지 확인하는 건 필수다. 초보적인 코딩이나 시장 분석의 경우 챗지피티만으로 준수한 결과를 얻을 수 있기에 상당수 직업이 사라질 거란 전망도 나온다.

변화는 더 거대해질지 모른다. 오픈AI 창업자 샘 올트먼은《포브스》인터뷰에서 무려 '자본주의의 종말'을 언급한다. 챗지피티 이후 인공일반지능Artificial General Intelligence이 나오면 인간의 지시 없이 스스로 학습할 수 있고 심지어 영리 활동까지 가능하다. 이때 누가 수익의 권리를 가지며, 어떻게 분배할지 등의 문제가 발생한다. 자본주의의 근간이 흔들리는 것이다. 챗지피티의 본격 데뷔 이전이긴 하지만, 인공지능의 발전과 자동화가 가져올 미래에 대한 훨씬 낙관적인 견해도 있다. 정치평론가 아론 바스타니는 임금노동이 소멸하고 정보재 가격이 제로에 수렴하면 자본주의가 종말을 맞겠지만 이는 결코 세계의 종말이 아니며 오히려 '완전히 자동화된 화려한 공산주의'의 가능성이 열린다고 주장한다.

자본주의의 종말이나 공산주의의 도래까지는 잘 모르겠다. 다만 기계가 비교적 단순한 노동을 대신해준다면 그만큼 여가가 늘어나고 시민들이 공동체 의제를 토론하는 시간을 확보할 수 있겠다. 문제는, 여유가 생긴다 해서 지루하고 재미없는 공적 사안에 열정을 쏟을 것이냐다. 아무리 생각해봐도 요즘 사람들에겐 그럴 만한 동기가 없어 보인다. "세상에 팬질, 덕질할 것들이 얼마나 많은데 굳이 그걸 왜?" 그 결과가 지금의 정치다. 현실정치는 사회경제적 지대를 축적해 여가를 확보한 자들, 특히 법률 전문가들이 사익을 공익으로 포장해 공동체 자원을 흡혈하는 '합법적 빨대'가 됐다.

인터넷이 등장했을 때 많은 지식인들이 집단지성·대중지성의 도래를 입에 침이 마르도록 찬양했다. 사람들은 월드와이드웹www이 새로운 민주주의와 해방의 공간이 될 것이라고 믿어 의심치 않았다. 2023년의 인터넷을 보자. 오물통이 따로 없다. 한때 모든 의견이 평등하게 존중받는 열린 민주주의의 장이었던 곳에서 이제는 '댓글창 폐쇄' 공지만 늘어나고 있다. 인터넷은 집단지성의 전당이 아니라 반지성주의와 허위 정보의 집결지가 됐고, 엘리트가 은폐한 진실을 폭로하는 공간이 아니라 엘리트가 여론을 조작하는 작업장이 됐다.

과학소설 작가 테드 창이 《뉴요커》에 기고한 글에 따르면, 챗지피티는 웹에 흩어진 정보를 있는 그대로 수집해 정리하지 않는다. 그보다는 '손실압축'과 비슷한, '정보의 열화복제'에 가깝다. 정보를 정확하게 복제한 게 아니라 흐

릿하게 복제한 것이어서, 특히 수치 등이 비슷해 보이면 같은 값으로 처리해버리는 등의 터무니없는 오류가 발생한다. 즉, 챗지피티는 원리상 엄밀성이 요구되는 분야일수록 틀린 답을 내놓을 가능성이 다분하다. 그런데 답변 자체가 유려하고 그럴듯하기 때문에 훈련되지 않은 사람은 이를 사실로 믿어버리기 쉽다. 문해력 관련 조사 때마다 '사실'과 '의견'을 세계에서 가장 구별하지 못하는, 피싱 메일에 제일 잘 걸려드는 집단으로 지목되는 한국인이 챗지피티를 생활화하면 어떤 일이 벌어질까?

비단 한국만의 문제는 아니다. 이미 인류는 대부분 시간을 콘텐츠를 가장한 광고, 혐오 선동, 포르노 등 온갖 주목 경쟁에 '낚이는hooked' 데 보낸다. 그나마 어떤 주제를 직접 고민하고 스스로 공부하던 우리의 짧은 시간마저 인공지능에 몽땅 넘겨버리고 나면, 깊이 배우는deep learning 유일한 존재는 기계가 될 터다. 그게 바로 정치의 종말이고 인간이라는 종의 마지막 모습일 것이다.

물론 기술철학자 앤드류 핀버그의 말처럼, 모든 기술에는 지배와 억압만이 아니라 해방과 저항의 실마리가 반드시 심겨 있다. 기술을 통한 감시와 착취의 사슬이 아무리 공고해 보여도 우린 언제든 그것을 깨부술 수 있다. 위안이 되는 통찰이긴 한데 내 의문은 다른 데 있다. 과연 우리는 해방되거나 저항하고 싶은가? 무엇으로부터, 무엇을 위해?

배고픈 건 참아도
배 아픈 건 못 참는

2023-01-19

불평등은 참지만 불공정은 못 참는, 그리고 배고픔은 참는데 배 아픔은 못 참는 태도에 우리가 주목해야 하는 이유는 그것이 종족적 특성이라기보다 한국 사회의 제도적·문화적 특징이기 때문이다. 대한민국은 극소수만 향유할 수 있는 특권을 만들어두고 사람들이 '패자부활 없는 배틀로열'에 뛰어들도록 강제하는 사회다.

오래전 제프리 존스 주한 미상공회의소 명예회장이 이런 이야기를 한 적이 있다. "한국인은 배고픈 건 참아도 배 아픈 건 못 참는다." 한국인의 어떤 면모를 절묘하게 포착했다. 그러나 뒤이은 말엔 실소가 터진다. "돈 많은 사람을 시기·질투하는 한국인의 부에 대한 인식은 이제 바뀌어야 한다."

예나 지금이나 한국인이 왜 그렇게 바뀌어야 하는지 납득할 수 없다. 최근 들어 한국인의 재벌과 부유층에 대한 인식이 긍정적으로 변한 게 사실이지만 부정적 인식도 여전히 만만찮다. 다 그만한 이유가 있다. 한국 사람들은 왜 그렇게 남이 잘되는 걸 못 견디는가? 한국인에게만 존재하는 '시기·질투 유전자' 때문에? 그럴 리 없다. 그럼 한국인이 특별히 평등 지향적이어서? 그런 주장도 일부 있지만 현실과 거리가 멀다. 여러 사회조사, 특히 세계가치관조사WVS 등 국가 간 비교조사를 보면, 한국인은 어떤 나라들보다 압도적으로 불평등한 소득을 선호하는 것으로 나온다.

한국인들이 배 아픈 걸 유독 못 참는 이유는 보상이 공정하지 못하다는 생각 때문이다. 다시 말해 부의 축적과 출세의 과정에 꼼수와 편법이 만연해 있기 때문이다. 이건 억측이 아니라 숱한 사례로 증명되고 갱신돼온 경험칙이다. 이른바 사회지도층의 턱없이 높은 군 면제율, 성적 조작 및 '스펙 품앗이' 등 입시비리, 재벌의 불법적 시장 교란과 노동 착취, 세계적으로 유례없는 법률가의 집단 부패 관행인 '전관예우'(마땅히 '전관비리'로 고쳐 불러야 할 것이다) 등 근거는 헤아릴 수 없이 쌓여 있다. 비슷한 경제 수준인 나라와 비교해도 한국에서 엘리트 부패 정도는 지나치게 높고 사회적 신뢰는 눈에 띄게 낮다.

그런데 제프리 존스 말에서 상대적으로 주목받지 못한 부분이 있다. "배고픈 건 참아도"다. 이 말은 맥락상 생리적 배고픔이라기보다 '내 가난을 스스로 감내해야 한다'는 각오다. 좋게 말해 자립적 태도이겠으나 실은 가난의 원인을 자신에게서만 찾는 자기계발과 각자도생의 관점에 가깝다.

"배고픈 건 참아도"라는 말은 결국, 불평등한 사회 구조에 대한 체념 혹은 외면이라 할 수 있는 셈이다.

 흥미로운 점은 이렇게 자신의 가난을 대할 때는 다분히 개인적이고 순응적이던 시각이 타인을 향할 때는 제법 구조적이고 비판적으로 바뀐다는 것이다. 요컨대 내 가난은 내가 못난 탓이거나 어쩔 수 없는 자연재난 같은 일이지만, 남의 성공은 그가 잘나서가 아니라 모종의 반칙이나 제도 실패가 있을 거라고 짐작하는 것이다. 따라서 "배고픈 건 참아도 배 아픈 건 못 참는다"는 말을 사회 의제 형태로 정식화한다면 이렇게 서술할 수 있겠다. "(한국인은) 불평등은 참아도 불공정은 못 참는다."

 불평등은 참지만 불공정은 못 참는, 그리고 배고픔은 참는데 배 아픔은 못 참는 태도에 우리가 주목해야 하는 이유는 그것이 종족적 특성이라기보다 한국 사회의 제도적·문화적 특징이기 때문이다. 대한민국은 극소수만 향유할 수 있는 특권을 만들어두고 사람들이 '패자부활 없는 배틀로열'에 뛰어들도록 강제하는 사회다. 여기서 특권을 정당화하는 기제가 바로 시험이다. 물론 다른 나라에서도 입직 및 입학 등에서 시험을 통해 자격을 부여하는 일은 많지만, 명실상부한 의미의 '지대'가 주어지는 경우는 드물다. 한국은 대입시험을 포함한 각종 공채시험으로 사회적 지대 소유자를 공식 선발하는 것은 물론, 언론인도 일명 '언론고시'라 불리는 시험으로 뽑는다. 심지어 문학가조차 신춘문예 같은 등단 제도를 통해 선발하는 세계 유일의 국가다.

한국 사회는 특권의 불평등에 분노하여 그것을 없애려는 게 아니라, 특권에 접근할 기회의 불평등에만 분노하며 특권은 그대로 유지하려 한다. 바꿔 말하면 '결과의 불평등'이 관대하게 용인되는 한편 '과정의 불공정'에는 민감한 사회다. 이런 사회에서 개인은 거의 필연적으로 억울한 느낌, 만성적 울분 상태에 빠지기 쉽다. 높은 불평등과 높은 공정성을 동시에 달성하기란 사실상 불가능하며 거대한 특권은 자체로 반칙과 부정을 양산하기 마련이다. "권력은 부패하는 경향이 있으며, 절대권력은 절대적으로 부패한다"는 달버그-액튼의 말이 괜히 나온 게 아니다. 과정의 불공정에 분노하는 태도는 물론 필요하다. 그러나 그보다 훨씬 중요한 건 결과의 불평등이다.

사회를 뒤덮은 소비자 프레임

2022-12-22

크리스토퍼 마틴은 1990년대 이후의 대형 파업이나 시위 보도에서 가장 자주 등장한 프레임이 '소비자 지향'이라고 설명한다. 절대다수 언론이 노사관계나 생산 현장의 문제를 '소비자 관점'에서 다룸으로써 공통의 내러티브를 생산하고 있다는 것이다.

2022년 가을, 코로나19로 중단됐던 대학축제가 열리면서 캠퍼스가 활기로 가득 찼다. 그 무렵 강연을 갔다가 서로 다른 대학 관계자들에게서 비슷한 이야기를 들었다. 축제 공연장에 대형 장벽이 세워졌는데, 이게 학생회비 납부자와 미납자를 구분해서 미납한 학생들이 공연을 못 보게 하는 용도라는 것이다. 장벽을 세운 주체는 학교 본부가 아니라 총학생회였다.

검색해보니 실제 여러 대학에서 일어난 일이고 기사화된 적도 있었다. 이 에피소드를 강연 자리에서 언급하며 의견을 물어봤다. 많은 분이 충격에 사로잡혔는데 특히 진보적 성향의 중장년층에서 반응이 세게 나왔다. 그들은 "진짜 대학은 끝났구나" "절망스럽다"며 한탄했다. 반면 적지 않은 청년 세대는 "돈을 안 낸 사람이 낸 사람과 똑같이 공연을 보면 그거야말로 불공정이고 무임승차"라고 했다.

이건 "순수했던 대학이 상업화되었다"는 한탄이나 불공정 담론으로 끝내버릴 이야기가 아니다. 1980년대든 1990년대든 대학이 '순수한 학문의 공간'이거나 '진보와 해방의 자치구'였던 적은 없다. 대학은 예나 지금이나 국가와 자본이 통제하던 공간이다. 다만 소수의 학생이 맹렬히 저항했고 스스로의 힘으로 대학 안에 조금 자율적인 공간을 겨우 만들어낼 수 있었을 뿐이다. 과거의 대학교는 순수했다기보다 이질적 가치들이 충돌하며 공존하는 공간이었다. 적어도 학생운동의 자장 안에서는 수익성이나 소비자 권리보다 공공성과 연대의 가치가 중시됐다.

예전에 대학축제는 '대동제'라 불리기도 했는데 이는 글자 그대로 모두가 하나로 어우러지는 행사였다. 다른 학교 학생들만이 아니라 지역 주민들까지 참여하고 즐길 수 있는 장이었다. 한편 지금은 축제를 포함해 캠퍼스 전체가 상업화됐을 뿐 아니라, 학생들 역시 학교 구성원이기보다 (학교 명성이나 시설 등의) 구매자로서 권리를 누릴 수 있으면 만족하는 것처럼 보인다.

그럼 과거의 대학이 더 나은 것일까? 적어도 지금보다 예전 대학생들이 공공 영역으로서 대학의 의미를 더 깊이 인식했음은 분명하다. 하지만 그런 과거를 본보기로 삼기는 어렵다. 과거 대학생 운동은 자본의 논리가 일방적으로 관철되지 못하게 하는 방어선이긴 했으나, 그 내부는 권위주의, 엘리트주의, 군사주의, 가부장주의에 찌들어 있었다. 1984년 '서울대 민간인 감금 폭행 사건'처럼 숭고한 가치를 앞세운 확증편향은 종종 타인을 향한 끔찍한 폭력으로 발현됐다.

적어도 개인들 사이의 폭력에 요즘의 우리는 꽤 엄격해졌다. 이는 뚜렷한 사회 진보다. 반면 자본주의의 구조적 폭력에는 더 순종적으로 바뀌었다. 대학만이 아니라 사회 전체가 그렇게 변했다. 유권자는 노동자나 시민보다 정치 소비자 혹은 팬덤으로 분석되며 스스로도 그렇게 생각하는 경향이 강해졌다. 노동자 파업 보도를 봐도 온통 '소비자'의 불편을 얘기할 뿐 좀처럼 노동자의 삶과 생산 현장의 문제를 조명하지 않는다.

미국의 커뮤니케이션 학자인 크리스토퍼 마틴은 1990년대 이후의 대형 파업이나 시위 보도에서 가장 자주 등장한 프레임이 '소비자 지향'이라고 설명한다. 절대다수 언론이 노사관계나 생산 현장의 문제를 '소비자 관점'에서 다룸으로써 공통의 내러티브를 생산하고 있다는 것이다. 마틴은 언론의 이러한 프레임이 노동자, 시민, 마을 주민이자 연방의 구성원인 개인의 정체성을 소비자로 환원함으로써 상품이 실제로 생산되는 작업장이나 공적 시민의 관심사는 배제될 수밖에 없었다고 지적한다.

미국도 예전부터 그랬던 건 아니다. 1940년대 문헌을 보면 미국 노동자의 근황이 신문 머리기사로 오르는 일이 흔했다. 그러나 미국 언론이 점점 노동계급 독자들을 자신의 비즈니스 모델에 쓸모가 없는 집단으로 인식하게 되면서 노동 역시 더는 뉴스 가치가 없어지게 됐다. 마틴에 따르면, 미국 노동계급 상당수는 오늘날 트럼프의 열광적 지지자가 되거나 극우 대안 미디어의 독자가 됐다.

한국 언론도 미국 언론과 그리 멀리 떨어져 있지 않은 것 같다. 한국의 주류 매체들은 소비자와 투자자에게 공손히 귀를 기울이지만, 노동자와 시민은 지워버리거나 사회 불만 세력으로 묘사한다. 언론에 비친 대한민국이 민주공화국이라기보다 종종 거대한 공동구매 장터처럼 보이는 이유다.

20년 동안의 고통

2022-12-01

초과로로 점철된 화물차 운전은 20년 동안 일부 특수한 노동자들이 겪어온 고통이지만 크게 보면 한국 사회의 보편적 문제이기도 하다. 고도성장기 노동집약 산업의 노동만이 아니라 '플랫폼 노동'이나, 이른바 '크런치 모드'로 유명한 정보기술 IT 업계 노동처럼, 최근 늘어나는 많은 노동이 이처럼 과로할수록 돈을 버는 구조인 까닭이다.

2003년 5월 6일, 국무회의에서 노무현 대통령이 분노를 터뜨렸다. "이해가 안 됩니다. 지금 한 도시의 부분적 기능이 마비되어버렸는데 왜 관계부처 장관한테서 보고도 없는 거예요?" "대체 일을 어떻게 하는 겁니까!" 분노가 향한 곳은 국무위원들, 특히 최종찬 건설교통부 장관이었다. 이때 화물연대의 파업은 포항에서 시작해 창원과 광양으로 확산하고 있었다. 그러나 정부부처만이 아니라 많은 언론도 2003년 당시엔 사태의 성격을 정확히 파악하지 못하고 있었다.[14]

외환위기 이후 극단적으로 악화한 불평등은 노동자·서민을 벼랑 끝으로 내몰았다. 화물차 운전자는 원래 운수업체 정규직이었지만 1990년대 중반 이후부터 소위 '지입제'라는 형태가 생기고, 이에 따라 특수고용노동자가 됐다. 한국 특유의 악질적 하청 구조에서 지입제 역시 예외가 아니었고, 화물차 운전자들은 너무 적은 수입을 벌충하기 위해 과로를 넘어 초超과로할 수밖에 없었다. 당연히 졸음운전 등으로 인한 교통사고도 빈발했고 숱한 시민들이 사고로 목숨을 잃었다. 정부는 이런 지입제 문제를 파악하고 있었음에도 자영업자와 운송업자 간 자율계약이라며 수수방관해왔다. 곪은 문제는 종기처럼 터졌다가 어설프게 봉합되는 과정을 반복하며 오늘에 이르렀다.

2022년 11월, 화물연대 파업에 윤석열 대통령이 꺼내든 업무개시명령은 사실 노무현 정권 때 화물자동차운수사업법을 개정하며 처음 만들어졌다. 업무개시명령에 노동자가 불응하면 형사처벌을 받을 수 있다. 2004년 도입 때 들어간 과도하게 자의적인 표현, 예컨대 "정당한 사유 없이" "커다란 지장" "매우 심각한 위기" 등이 너무 모호하다는 비판과 함께 강제노동, 단체행동권 침해 등 위헌 논란도 있었다. 노동계와 시민사회가 입을 모아 우려하고 성토했지만 결국 강행 처리됐다. 화물차 노동자에게 업무개시명령을 내린 건 윤석열 정권이 처음이다. 노무현이 만든 철퇴를 윤석열이 휘두르고 있는 셈이다.

화물연대 파업에 내려진 업무개시명령은 강제노동을 금지하는 국제협약 위반이다. 한국은 국제노동기구ILO 협약 29호 '강제노동 협약'을 비준해 2022년 4월부터 발효된 상황이다. 29호 협약은 "처벌 위협으로 강요받는 노동" "자의에 의하지 않는 모든 노동"을 강제노동으로 규정한다. 또한 협약 문서에는 예외, 즉 강제노동이라 규정하기 어려운 긴급하고 필수적인 노동이 열거돼 있다. "전적으로 군사적인, 의무적 병역법에 의해 강요된 노동" "자치국의 통상적인 시민의 의무에 해당하는 서비스" 그리고 "전쟁, 화재, 지진, 극심한 전염병 등 일반적으로 인구 전체 또는 일부의 생존이나 안녕을 위태롭게 하는 상황에서의 노동"이다. 즉, 응급의료는 큰 틀에서 이 강제노동의 예외에 속한다고 볼 수 있다. 그러나 화물차 운수 노동은 명백히 예외 조항에 해당하지 않는다. 게다가 업무개시명령은 헌법상 기본권인 단체행동권을 제한해 위헌 소지도 크다.

윤석열 정권의 비이성적이고 불법적인 대응과 별개로, 화물연대 파업은 시민에게 숙의를 요청한다. 초과로로 점철된 화물차 운전은 20년 동안 일부 특수한 노동자들이 겪어온 고통이지만 크게 보면 한국 사회의 보편적 문제이기도 하다. 고도성장기 노동집약 산업의 노동만이 아니라 '플랫폼 노동'이나, 이른바 '크런치 모드'로 유명한 정보기술IT 업계 노동처럼, 최근 늘어나는 많은 노동이 이처럼 과로할수록 돈을 버는 구조인 까닭이다.

이 구조를 바꾸는 건 쉬운 문제가 아니다. 이번 사안에 국한한다면, 화물연대가 주장하는 안전운임제도 필요하지만 동시에 화물차 노동자 스스로 운전 시간 총량을 제한할 필요도 있다. 이는 곧, 일부 노동자의 희생을 전제로 값싸게 이용해오던 물류, 배달 비용을 모두가 조금씩 더 지불해야 한다는 걸 의미한다. 비용을 더 지불한다고 하면 펑펑 돈을 쓰는 이미지를 연상하곤 하지만 그렇지 않다. 실은 반대다. 예산은 늘 제약된다. 동료 시민의 존엄과 안전을 위해 비용을 더 지불한다는 것은 궁극적으로는 덜 생산하고 덜 소비해야 한다는 뜻이다. 그것은 인간을 포함한 지구의 모든 자원을 착취하며 폭주하는 성장 신화에서 탈출해 서로를 아끼고 돌보는 세계로 가는 첫걸음이다. 그런데 과연 우리는 탈출할 의지가 있는가.

노란봉투법 너머에 있는 것

2022-10-06

현장으로 달려갔던 나의 취재수첩에는 늘 향냄새가 배어 있었다. 파업했다고 날아오는 손해배상 청구서, 일터 동료들의 차가운 시선, 갑질에 항의조차 할 수 없는 불안한 일자리는 한 인간의 영혼과 세포를 속속들이 파괴한다. 한마디로 한국의 화려한 번영은 약자의 시체로 쌓아올린 트로피였다.

오랜만에 의미 있는 쟁점으로 전선이 그어졌다. '노동조합 및 노동관계조정법(노조법) 개정안', 일명 '노란봉투법'이다. 노동자 파업을 빌미 삼아 기업이 손해배상·가압류 소송을 남발할 수 없게끔 하자는 취지다. 노동조합, 시민단체, 민주당, 정의당은 한목소리로 노란봉투법 제정을 요구했다. 반면 권성동 전 국민의힘 원내대표는 "불법 파업 조장하는 황건적 보호법"이라며 원색적으로 비난했고 전국경제인연합회 등 재벌 단체도 반대 목소리를 높였다.

손배가압류, 다섯 음절을 들으면 기억이 홍수처럼 밀려든다. 기자 시절 사실상 첫 취재가 두산중공업 노동자 배달호 씨 분신자살 사건이었다. 배 씨는 노조 파업에 동참했다는 이유로 법원에서 징역 1년에 집행유예 2년을 선고받고 회사가 제기한 손배·가압류로 고통을 겪었다. 분신한 다음 날이 월급날이었는데 통장에 들어온 돈은 2만5천 원이었다.

그게 2003년이다. 이후 한진중공업 김주익 씨, 현대중공업 박일수 씨 등 노동자가 노조 탄압에 시달리다 목숨을 끊는 일이 숱하게 일어났다. 그때마다 현장으로 달려갔던 나의 취재수첩에는 늘 향냄새가 배어 있었다. 파업했다고 날아오는 손해배상 청구서, 일터 동료들의 차가운 시선, 갑질에 항의조차 할 수 없는 불안한 일자리는 한 인간의 영혼과 세포를 속속들이 파괴한다. 손배·가압류, 하청, 파견 같은 비정규·불안정 노동이 얼마나 극악무도한 사회악인지 그때 처음 목도했다. 저 제도들은 이 나라가 가장 취약한 사람을 가장 혹독하게 착취하는 체제임을 웅변하는 증거다. 한마디로 한국의 화려한 번영은 약자의 시체로 쌓아올린 트로피였다. 기자 시절 노동 현장에서 겪은 경험은 내가 '88만원 세대'라는 말을 만드는 결정적 계기가 됐고 또 한국의 능력주의를 문제화하는 바탕이 됐다.

기자로 경험을 쌓아가는 동안, 진보정권이란 기대를 받던 노무현 정부는 갈수록 노동자를 적대하며 재벌에 밀착했다. 참여정부 초기 '삼성 보고서'가 대통령 측근에 의해 그대로 청와대에 올라가고 있다는 소문이 돌았는데, 나중에 사실로 밝혀졌다.[15] 당시 나는 이런 모습을 비판하는 기사와 칼럼을 쓰면서도, 순진하게도 '내일은 더 나아지겠지'라며 막연히 착각하고 있었다. 고백하건대 20년 가까운 세월이 지나도 여전히 이 문제가 그대로일 거라고는, 심지어 더 나빠질 거라고는 상상조차 못했다.

많은 이들이 이번에 노란봉투법이 통과돼야 한다고 말한다. 물론이다. 없는 것보다 있는 게 낫고 상징적 의미도 작지 않다. 파업과 재산상 손해의 인과관계를 기업이 명확히 증명하게 해야 하는 등 구체적 쟁점을 둘러싼 사회적 논의도 꼭 필요하다. 다만 법을 만능열쇠처럼 여기지 않아야 한다. 법은 절대 선도 진리도 아니다. 오랫동안 "악법도 법"이라는 말을 했다고 잘못 알려진 소크라테스는 종종 참주(고대 그리스의 반민주적 지배자)들의 명령에 불복하던 사람이었다. 그는 마지막 순간 법에 따라 죽었지만, 그 죽음은 '철학 하지 않는 조건으로 석방받느니 차라리 죽겠다'는 결기의 실천이었다. 법을 만들고 지키는 게 중요한 게 아니다. 무엇을 위해 법을 만들고 지키는가가 그보다 훨씬 중요하다.

노란봉투법이 일부 품고 있지만 전부 담고 있지는 못한 사상이 있다. 그것은 인간의 존엄과 평등 지향이다. 바로 사회법이 기반하고 있는 정신이다. '소유권 절대의 원칙' '계약 자유의 원칙' '자기과실 책임의 원칙'이라는 개인법 3대 원칙이 불평등을 더욱 악화시킨다는 문제의식에서 나온 것이 바로 사회법이다. 지금 문제된 손배·가압류는 소유권 절대의 원칙의 구체적 발현이라 할 수 있다. 사회권 사상은 이 소유권 절대주의에 제한을 걸면서 모든 인간은 존엄하며 억압에 저항할 권리를 가진다고 선언한다. 노동법(노조법)이 그 제도화된 형태인데 한국에서는 법이 목적을 전혀 실현하지 못한다. 거의 모든 파업을 불법으로 규정하고 있기 때문이다. 노란봉투법은 이를 교정하기 위해 만들어졌지만 이 법만으로는 사회권은커녕 헌법상 권리인 파업권을 보장하기에도 턱없이 부족하다. 바로 이것이 우리가 노란봉투법 너머로 계속 나아가야 하는 이유다. 파업은 돈과 권력의 갑질에 대한 최후의 저항이다. 이는 곧 '소유냐 삶이냐'의 갈등에서 마침내 삶을 택하는 결단이다.

카페에서 물건을
훔쳐가지 않는 나라

2022-08-11

한국에서 유별나게 카페 도난이 드물다는 사실은 그것대로 흥미로운 현상이다. 하지만 정말 특이하고 중요한 사실은 명실상부 선진국이라는 이 나라의 시민들이 드라마 〈오징어 게임〉 참가자처럼 불신에 가득 차 있다는 점이다.

강의를 끝내고 질문을 받았다. "선생님께서는 한국이 경제 수준에 비해 신뢰가 낮은 사회라고 하셨는데요, 제가 얼마 전 읽은 책에서는 카페에 노트북 컴퓨터를 놔둬도 아무도 훔쳐가지 않는 건 한국이 사회적 신뢰가 높은 선진국이기 때문이라고 하더군요. 뭐가 맞는 이야기인지 헷갈리네요."

실제로 많은 외국인은 한국 사람들이 카페 같은 공공장소에서 아무렇지 않게 휴대전화나 가방을 놓고 다니는 걸 보고 자기 나라에선 상상도 할 수 없는 일이라며 놀라워한다. 물건을 그렇게 뒀다간 순식간에 사라질 게 분명하다는 것이다. 확실히 이것은 한국 시민들의 상호 신뢰가 굳건하다는 증거처럼 보이기도 한다. 나는 곧바로 질문에 답하지 않고 객석을 향해 되물었다. "다른 분들께선 어떻게 보세요. 카페에서 아무도 물건을 안 훔쳐가는 게 사회적 신뢰가 높다는 증거라고 생각하십니까?" 잠시 어색한 웃음과 침묵이 흐르다 한 분이 나지막이 말씀했다. "CCTV……."

그렇다. 일부 연구에 따르면 오늘날 도시 전역에 촘촘하게 깔린 '눈'은 경범죄를 일정하게 방지하는 효과가 있다. 다만 폐회로카메라를 카페 도난이 없는 유일한 이유로 꼽긴 어려워 보인다. 한국처럼 카페에 카메라가 많음에도 절도가 종종 발생하는 나라도 있고, 카메라 설치가 강력범죄를 포함한 전체 범죄율을 줄이지 못한다는 연구도 적지 않다. 이런 면에서 본다면 한국의 카페에서 도난이 잘 일어나지 않는 이유를 하나만 지목하기는 어렵다.

분명한 것은, 카페에서 도난 사건이 발생하지 않는 게 높은 사회적 신뢰 때문은 아니라는 점이다. 2021년 레가툼Legatum 번영지수에서 한국의 사회자본은 167개국 중 147위였다. 한국은 '제도에 대한 신뢰' '개인 간 신뢰' 등 주요 영역에서 최하위권으로 나타났다. 한국의 사회자본 수준은 경제협력개발기구OECD 38개국 가운데 38위로, 매년 붙박이 꼴찌다. 통계청에 따르면 2021년 한국인의 사회적 고립도는 34.1퍼센트로 사상 최고치를 기록했다. 사회적 고립이란 질병 등 위기 상황에 부닥쳤을 때 도와줄 사람이 없는 상태를 가리킨다. 요컨대 한국인 세 명 중 한 명이 사회적으로 고립돼 있다는 것이다.

한국에서 유별나게 카페 도난이 드물다는 사실은 그것대로 흥미로운 현상이다. 하지만 정말 특이하고 중요한 사실은 명실상부 선진국이라는 이 나라의 시민들이 드라마 〈오징어 게임〉 참가자처럼 불신에 가득 차 있다는 점이다. 나는 그것이 한국에 대해 많은 것을 말해준다고 생각한다. 우선 한국인들은 남이 하는 말은 잘 믿지 않는다. 잘 모르는 누군가가 친절하게 대해준다는 얘길 들으면 "사기꾼일 가능성이 크니 조심하라"고 충고한다. 한국인들 대다수는 부자가 되길 갈망하지만 부자는 비도덕적이라고도 생각한다. 이는 일종의 경험칙이기도 한데, 실제 한국의 재벌은 불법·탈법·투기의 제왕이었기 때문이다.

한국 사람들은 소방관 정도를 제외하고 대부분의 국가기구와 공직자를 불신한다. 그중에 국회, 검찰, 언론은 최악이어서 난생처음 만난 사람보다 못 믿는다. 회사나 상사의 상벌·평가시스템도 불신한다. 이렇다 보니 한국인은 자질과 능력, 업무성과에 따라 보상 격차를 크게 둬야 한다고 생각하면서도, 뜬금없게도 근무 태도, 그러니까 야근을 많이 하는 등의 근면성실을 차등 보상의 최우선 기준으로 놓는다.[16] 왜일까? 나의 매출 기여는 모호할 수 있지만 내 야근 기록은 명확하기 때문이다.

한국 사회에 만연한 불신은 '공정 빌런'들이 왜 그렇게 많은지도 설명해준다. 저신뢰 사회일수록 개인에 대한 총체적이고 다면적인 평가가 어렵기 때문에 형식적이고 정량적인 평가에 집착하게 된다. 인기 드라마 〈이상한 변호사 우영우〉에 등장하는 권민우 변호사가 전형적인 예다. 그는 동료 변호사 우영우가 공채 아닌 방식으로 부정취업했다며 끝없이 물고 늘어지면서도 로펌 오너의 세습에는 입도 뻥끗하지 못하는 선택적 공정관을 보인다. 이는 권민우라는 개인의 비루한 성격 문제가 아니라 저신뢰 사회의 구조적 특징이다. 낮은 사회적 신뢰는 약자의 연대를 철저히 파괴하는 반면, 이권으로 뭉친 강자의 연대를 위협하지 못한다. 공동체의 통합뿐만 아니라 더 공평한 사회를 위해서 사회적 신뢰는 지금보다 더 높아져야 한다.

그놈의 '제2의 아무개' 타령

2022-07-14

"왜 나는 몰입할 수 없는데 그는 계속 몰입할 수 있는가"보다, "왜 극소수를 제외한 대다수가 몰입할 수 없는 사회가 되었는가"라고 질문하고 싶다. 어떤 환경에서도 몰입할 수 있는 천재들보다, 몰입하고 싶지만 몰입하기 어려운 존재들이 세상에는 훨씬 더 많다.

지난 두어 달, 경제는 휘청대고 정치는 수라장이었지만 한국인의 '국뽕'은 최고조였다. 잉글랜드 프리미어리그에서 손흥민 선수가 아시아 선수 최초로 득점왕에 올랐다. 열여덟 살 피아니스트 임윤찬 씨는 놀라운 기량으로 밴 클라이번 국제피아노콩쿠르에서 우승하며 클래식 음악계의 스타로 떠올랐다. 한국계 허준이 교수는 최고의 수학자에게 수여된다는 필즈 메달의 주인공이 됐다. 그리고 어김없이 '제2의 허준이'와 '제2의 임윤찬'을 만들어야 한다는 주장이 등장했다.

온라인 커뮤니티에선 이들과 대한민국의 관련성을 따지는 사람들도 보였다. '순수 국내파'라는 점이 부각된 임윤찬 씨의 경우, 어쨌든 한국 음악 교육 시스템의 산물이라고 볼 수 있으므로 국뽕이 이해되는 면이 없지 않다. 그러나 허준이 교수 업적은 어떻게 봐도 한국 교육과는 별 관계가 없다. 청소년기에 한국에서 공부한 적은 있지만 수학자로서 경력은 미국 수학계 동료들과 협업하며 쌓아올린 것이다. "허준이 씨는 미국인인데 왜 한국인들이 좋아하냐"는 냉소가 나온 이유다.

그런데 조금 더 넓은 시야에서 보면 이런 이야기들 자체가 생각만큼 중요하지 않다. '천재'라는 말이 너무 흔한 세상이긴 하지만, 사실 진짜 천재는 평생 한두 명 만날까 말까 한 수준으로 희소하다. 인류 역사상 최고의 천재로 꼽히는 인도 수학자 스리니바사 라마누잔은 정규교육을 완전히 받지 못한 상태에서 이미 전무후무한 업적을 세웠다. 물론 천재를 알아채는 시스템이 있어야 재능도 꽃피울 수 있다. 라마누잔의 재능을 정확히 알아본 건 고드프리 하디 등 영국 수학계였다. 그런데도 시스템이 천재를 만들어낸다고는 할 수 없다. 천재는 그저 천재지변처럼 나타난다.

한국인이 뛰어난 성취를 보이면 늘 같은 얘기가 튀어나온다. "'제2의 아무개'를 만들기 위해서 무엇을 할 것인가?" 그러면 관련 업계와 관료가 함께하는 즐거운 축제가 벌어진다. 엄청난 예산을 각종 건축물과 이벤트에 쏟아붓다 정권이 바뀌거나 하면 어느새 사그라든다. '제2의 아무개' 찾기는 부모들 사이에서도 열광적으로 벌어진다. 영재교육, 수월성교육이란 이름으로 수많은 아이가 유아기부터 혹독한 훈련과 통제를 감내한다. 처음엔 잘해서, 좋아서 시작하지만 절대다수는 이내 벽에 맞닥뜨린다. 한국의 적지 않은 부모는 그 벽을 '천재로 가는 시련'이라고 여긴다. 아이 또한 기대를 온몸으로 느끼기에 포기하는 게 쉽지 않다. 애초 재능이 없지 않았으므로 더더욱, 더 노력하면 한계를 돌파할 수 있을 거라 여기며 고통을 감내한다.

그렇게 한 인간의 다시 돌아오지 않을 소중한 시간이 '재능 발견'을 위해 희생된다. 한때의 추억이면 그나마 다행이지만 어떤 이에겐 트라우마로 남고 때로는 참혹한 비극으로 끝난다. 2019년 기준 경제협력개발기구 회원국 청소년 자살률 평균이 10만 명당 5.9명인데 한국은 8.2명에 달한다. 이 수치가 '제2의 아무개' 찾기 문화와 과연 무관할까.

임윤찬 씨는 콩쿠르 우승 직후 인터뷰에서 "모든 걸 단절하고 피아노만 치고 싶다"고 말했다. 열여덟 살에 구도자가 된 이 경이로운 피아니스트를 보면서 끝없이 몰입할 수 있는 재능을 생각했다. 사회철학자 존 롤스가 이미 지적했듯이, 우연히 뛰어난 자질을 타고난 이는 그렇지 못한 이들에 비해 노력하기도 훨씬 쉽다. 재능뿐 아니라 '노오력'이나 몰입 역시 대부분 개인 의지가 아니라 운의 산물인 것이다. 그러나 이것이 단지 운명의 장난으로 환원되는 문제일까?

"왜 나는 몰입할 수 없는데 그는 계속 몰입할 수 있는가"보다, "왜 극소수를 제외한 대다수가 몰입할 수 없는 사회가 되었는가"라고 질문하고 싶다. 어떤 환경에서도 몰입할 수 있는 천재들보다, 몰입하고 싶지만 몰입하기 어려운 존재들이 세상에는 훨씬 더 많다. 대부분 여성이거나 장애인, 누군가를 돌봐야 하거나 무언가에 고통받는 사람들이다.

좋은 사회란 극소수의 천재들에게 더 노력할 수 있는 여건을 마련해주는 사회일 것이다. 동시에 좋은 사회는 노력 자체가 힘든 이들에게 천재보다 더 많은 자원을 투여하는 사회이기도 하다. 적어도 나는 국가의 존재 이유가 우월한 소수에게 특권을 몰아주는 것이 아니라 그렇지 않은 다수 인간의 역량을 북돋고 존엄을 지키는 데 있다고 믿는다.

차별금지법,
가장 탁월한 시민 교육

2022-05-01

학력·학벌 차별, 고용 형태에 따른 차별은 차별금지법이 통과되더라도 첨예한 쟁점이 될 것으로 보인다. 무엇보다 대중의 인식 자체가 모순적이다. 한국인들은 학력·학벌 차별을 인종차별보다 심각한 문제로 보면서도 한편으로 학력·학벌을 '인간 능력의 구현체'라고 믿는다.

'차별'이라는 말을 들으면, 엄마가 남동생에겐 '줄줄이 비엔나'를 도시락 반찬으로 넣어주고 자기한텐 '분홍 소시지'를 줬다고 나직이 중얼거리던 초등학교 때 여자 친구의 한 맺힌 표정이 떠오른다. 그때 여자 친구들은 가족들에게만이 아니라 학교에서도 차별받았다. 여자 반장에게 유독 까칠하게 대하던 교사는 "특별히 여자를 반장으로 뽑아줬으니 매사 모범을 보이고 더 조심해야 한다"고 강조했다.

남중을 거쳐 남고에 입학하니 성적에 따른 차별이 극에 달했다. "네 시간 자면 마누라 얼굴이 바뀐다"는 소리를 재치 있는 명언이랍시고 늘어놓는 교사들이 득실거렸다. 성적이 좋은 편이었던 나는 대개 우호적인 관심을 받았지만, 그렇지 않은 친구들은 교사들에게 벌레처럼 밟히고 맞았다. 훗날 영화 〈친구〉에서 "느그 아부지 뭐 하시노!"라며 학생을 두들겨 패는 장면에서 관객들이 폭소를 터뜨릴 때, 나는 웃기는커녕 차갑게 피가 식는 기분이었다. 실제로 겪은 일이기 때문이다. 그 시절 나는 월간 《말》 같은 진보매체들, 몇몇 유명한 사회과학 고전들을 몰래 찾아 읽으며 이른바 '자생적 운동권'이 돼가던 중이었다. 그때 나는 학교와 교사들을 증오한다고 여겼지만, 돌아보면 부당한 폭력에 저항조차 못한 스스로에 대한 혐오가 훨씬 더 컸던 것 같다.

야만은 예전에 비해 확실히 줄었다. 특히 학교 현장의 물리적 폭력은 사라지진 않았지만 크게 나아진 듯하다. 그러나 차별이라는 문제에서 한국은 갈 길이 멀다. 남아선호 경향이 줄긴 했지만 여성 차별은 여전히 공고하다. "구조적 성차별은 없다"던 20대 대통령 윤석열의 말은 자체로 오류이자 차별의 심각성을 웅변한다. 회계법인 딜로이트의 보고서에 따르면, 2021년 기준 한국 기업 이사회에 등록된 여성 비율은 4.2퍼센트에 불과했다. 카타르(1.2퍼센트), 사우디아라비아(1.7퍼센트), 쿠웨이트(4퍼센트), 아랍에미리트(5.3퍼센트) 등 이슬람 국가들과 함께 세계 최하위 5개국 중 하나다.

성뿐만 아니라 인종, 장애, 국가, 종교, 성적 지향, 고용 형태, 학력 등 숱한 영역에서 심각한 차별, 배제, 혐오표현들이 나타나고 있다. 2020년 '한국 사회의 인종차별 실태와 인종차별 철폐를 위한 법제화 연구'에 따르면, 이주민 응답자 열 명 중 일곱 명, 공무원·교원 열 명 중 아홉 명이 한국에 대체로 인종차별이 존재한다고 답했다. 국가인권위원회의 '성적 지향, 성별 정체성에 따른 차별 실태조사'는 청소년 성소수자 98퍼센트가 학교에서 교사나 다른 학생들로부터 혐오표현을 경험했음을 보여준다.

한편 유럽과 한국의 차별 인식을 비교한 한국여성정책연구원 보고서에 따르면, 인종차별이 가장 심각한 문제라고 답한 유럽과 달리 한국 시민들은 학력·학벌 차별을 가장 심각한 문제로 꼽았다. 이는 시험 성적에 따른 지대, 즉 불로소득을 극단적으로 추구하는 한국 특유의 능력주의와 밀접한 관련이 있다.

학력·학벌 차별, 고용 형태에 따른 차별은 차별금지법이 통과되더라도 첨예한 쟁점이 될 것으로 보인다. 무엇보다 대중의 인식 자체가 모순적이다. 한국인들은 학력·학벌 차별을 인종차별보다 심각한 문제로 보면서도 한편으로 학력·학벌을 '인간 능력의 구현체'라고 믿는다. 다른 국가들과 달리 평등보다 불평등을 선호하며 자질과 능력에 따른 차별에 대다수가 동의한다. 또한 '학력' 차별은 괜찮지만 '학벌' 차별은 안 된다는 사람도 적지 않다. 그러나 차별금지법의 관건은 '업무와 결정적 관련성'이므로 '학력이냐 학벌이냐'의 구별 등은 중요하지 않다.[17] 법의 본래 취지는 노동현장 등에서 여전히 모호하고 불합리하게 남아 있는 차별 대우의 기준을 합당하게 만들어가는 것이다.

고용과 노동의 비합리적인 차별은 헌법적 가치는 물론, 창조하고 발전하려는 개인의 동기를 해치며 생산성을 떨어뜨린다. 신뢰가 부족한 사회에서 시민들끼리 존중하기 위해서는 서로의 다름을 이해해야 하고, 그러기 위해 각자의 생각을 공식적인 논의의 장에 올려놓고 경합시켜야 한다. 차별금지법 내용을 읽어보면 누구나 알게 된다. 이 법은 어떻게든 갈등 당사자의 처벌을 막고 공적 대화로 끌어내기 위해 설계됐다. 이미 비슷한 법을 도입한 여러 선진국에서 증명된 사실이다. 차별금지법이 우리 시대 가장 탁월한 시민교육인 이유다.

토론의 즐거움

2022-04-21

지식과 논리도 중요하지만 그보다 중요한 것은 선해善解, 즉 상대 주장을 최선의 형태로 이해하려는 태도다. 인간은 누구나 받은 대로 되갚으려는 경향이 있다. 상대방 주장의 약점이나 허점을 찾아내려 혈안이면 상대도 똑같이 대응할 확률이 높아지고, 결국 진흙탕 싸움이 되고 만다. 거창한 명분을 걸고 시작한 대부분의 토론이 환멸과 냉소로 귀결하는 이유다.

최근 마음 맞는 이들과 시작한 프로젝트 때문에 '토론'이 무엇인지를 고민하고 있다. 그러다가 박경석 전국장애인차별철폐연대 대표와 이준석 국민의힘 대표의 토론을 보게 됐다. 이준석 대표는 "전문가로서 리프트 선호하십니까, 저상 선호하십니까"라고 물었고, 박경석 대표가 "그건 상황에 따라 달라요"라고 답한다. 그러자 이 대표는 비웃는 듯한 표정으로 "전문가의 답변이 상황에 따라 다르다고 하시면 어떻게 해요"라고 말했다.

이준석의 조롱과 달리, 박경석 대표의 저 말이야말로 진짜 전문가의 답변이다. 어떤 분야를 깊게 파고들어 오랜 기간 지식을 쌓아본 사람은 안다. 이 세상에 간단히 답할 수 있는 문제란 거의 없다는 것을. 리프트냐 저상이냐는 장애인 개인의 특수한 상황이나 공간에 따라 효용이 다를 수밖에 없다. 제대로 된 토론자였다면 "전문가라면서요" 운운하며 공격하는 대신 이해하기 위한 사례를 요청했을 것이다.

시종일관 말꼬리를 잡거나 실언을 유도하는 이준석 대표와 달리 박경석 대표는 이기려 들지 않았다. 그는 끈질기게 설명하고, 설득하고, 부탁했다. 애초에 박 대표는 토론을 승부라 생각하지 않는 것처럼 보였다. 그에게는 토론의 승패 따위보다 훨씬 중요한 일이 장애인 의제를 알리는 것이고, 그랬기에 젊은 정치인의 무례를 참아가며 끝까지 의연할 수 있었을 것이다.

나는 한때 토론이란 상대를 지식과 논리로 찍어누르는 것이라 믿었다. 강준만의 '실명 비판'과 진중권의 게시판 논쟁을 실시간으로 보며 '키보드 배틀'을 벌이던 시절도 있었다. 다만 이들이 그런 논쟁을 최초로 시작한 사람은 아니다. 인터넷이 없던 시절에도 소위 운동권들은 그런 토론을 일상적으로 벌였다. 상대의 논리적 허점을 최대한 자극적인 표현으로 지적하고, 공개적으로 망신을 주는 강퍅한 토론 방식은 이른바 86세대 운동권 사이에서 절정을 이뤘다. 어쩌면 마르크스의 신랄한 말투에서 비롯한 것인지도 모르겠지만,

사실 기원이 무엇인지는 중요하지 않다. 중요한 건 이러한 86세대 일각의 토론문화를 이준석의 '토론 배틀'에 열광하는 청년들도 공유한다는 점이다. 팩트, 데이터, 논리를 강조하는 것도 판박이다. 이른바 X세대, 그리고 MZ세대는 틈만 나면 86세대를 욕하지만 정작 '86세대스러운' 토론문화 자체에는 문제의식조차 없어 보인다. 상대를 당혹시키고 궁지로 몰아세우는 것이 지상과제라는 점에서 86세대와 이준석의 토론은 본질적으로 똑같다.

지식과 논리도 중요하지만 그보다 중요한 것은 선해善解, 즉 상대 주장을 최선의 형태로 이해하려는 태도다. 인간은 누구나 받은 대로 되갚으려는 경향이 있다. 상대방 주장의 약점이나 허점을 찾아내려 혈안이면 상대도 똑같이 대응할 확률이 높아지고, 결국 진흙탕 싸움이 되고 만다. 거창한 명분을 걸고 시작한 대부분의 토론이 환멸과 냉소로 귀결하는 이유다. 상대방을 선해해야 하는 이유는 그것이 도덕적이어서만이 아니다. 궁극적으로는 이분법의 적대적 공생을 깨트리기 위해서다. 상대의 최악을 물고 늘어지고 이를 알리바이 삼아 자신의 억지를 정당화하는 행태는 보수 양당 독점 구조뿐 아니라 반일/친일 구도 등 사회 전반에 나타나는 심각한 폐단이자 공론장을 망가뜨린 요인의 하나다. 악순환을 끊어내려면 우리의 토론부터, 정확히는 토론의 태도부터 뜯어고쳐야 한다.

물론 의도적 프레이밍으로 선동만 일삼는 상대에게는 이

런 태도만으로 효과를 볼 수 없다. 이 경우 상대의 프레임을 무시하고 제3자 청중에게 초점을 둬 말하는 등의 전략적인 대응이 필요하다. 상대의 태도가 내 기준에 못 미치고 그래서 상대가 나를 배신할 수 있다는 '용의자의 딜레마'가 머리에 아른거리더라도, 굳이 따지지 않고 일단 먼저 선해하는 게 중요하다. 그런 '목숨 건 도약'이 실제 신뢰의 형성으로 이어지는 경우가 적지 않기 때문이다.

박경석 대표는 내내 힘들어 보였다. 시종일관 웃던 이준석 대표도 정말로 유쾌해서 웃은 것은 아니었을 게다. 모두가 긴장만 하다가 남는 것도 없는 이런 토론, 이제 그만두자. 어떤 문제를 해결하려는 강한 의지가 있고 서로의 주장을 최대한 선해하며 이야기를 나누다 보면 종종 생각지도 못한 아이디어들이 쏟아져나오기도 한다. 토론이 그야말로 즐거워지는 순간이다. '토론의 즐거움'은 가능하다. 우리가 서로를 믿을 수 있다면.

이준석 대 공화국

2022-03-31

대한민국의 모든 비장애인들은 오랫동안 장애인의 희생에 '무임승차'해왔다. 그동안 대중교통을 포함한 국가 시스템이 사실상 장애인의 배제 혹은 제한적 이용을 전제로 운영되었기 때문이다. 말 나온 김에 팩트 하나를 공개한다. 놀랍게도, 장애인은 이동의 자유가 있는 헌법상 시민이다!

매사 긍정과 낙관이 모토인 나는 드디어 혐오정치의 선두 주자 이준석에게서도 순기능을 발견하고 말았다. 이 정치인의 장점이 딱 하나 있다면, 한국의 첨예한 문제를 거의 다 건드린다는 점이다. 중요한 의제가 사건의 홍수에 떠내려가기 일쑤임을 감안하면 이는 사회적 논의의 역설적 기회일 수 있다.

서울교통공사 '장애인 대응 문건'에는 이렇게 적혀 있었다. "장애인 단체의 시위는 약자는 무조건 선하고 강자는 무조건 악하다는 '언더도그마 underdogma'가 지배 논리로 자리 잡은 이슈다." 이준석은 소셜미디어에서 이렇게 말했다. "나를 장애인 혐오로 몰아도 무슨 장애인 혐오를 했는지 설명 못하는 일이 반복된다. 지금까지 수많은 모순이 제기되었을 때 언더도그마 담론으로 묻어버리는 것이 가장 편하다는 것을 학습했기 때문이다."

이들이 말하는 언더도그마는 미국 극우단체 티파티Tea Party에서 활동한 마이클 프렐이 만든 말로, "약자underdog는 선하고 강자overdog는 악하다는 생각이 편견"이라는 주장이다. 물론 약자성이 자체로 선함이나 옳음을 뜻하진 않는다. 그러나 약자를 돕는 일은 도덕적으로 철학적으로 심지어 진화생물학으로도 충분히 정당화될 수 있다. 반면 언더도그마를 말하는 이들은 단지 판단을 유보하는 데 머물지 않고 대부분 강자와 다수 입장을 옹호하고 약자를 공격하는 데까지 나아간다.

언더도그마류 주장이 가장 환영받은 곳 중 하나가 일베(일간베스트저장소)였다. 여성, 호남 사람, 이주민 등을 향한 갖가지 혐오표현들의 심층에 담겨 있는 정당화 논리는 능력주의. '된장녀' '김치녀' 같은 유행어에는 '주제넘게 요구하는 탐욕스런 여자들'이라는 의미가 담겨 있었다. 한마디로 자격과 능력도 없는 것들이 무임승차를 통해 과도하게 많은 자원을 가져가고 있다는 소리다. 이런 논리 속에서는 약자·소수자의 구조적 불평등을 조금이나마 교정하려는 실질적 기회 균등 조치들이 역차별이고 불공정이 된다. 이들은 불공정에 분노하는 포즈를 취하지만 실은 사회 정의에 관심이 없다. 틈만 나면 능력과 자질 운운하며 할당제 폐지를 주장하는 이준석 본인이 정작 청년 할당으로 공천받았다는 사실을 떠올려보자. 이들은 그저 제 편의대로 강자에 대한 우대, 약자에 대한 차별을 강변하고 있을 뿐이다. 그 능력주의의 끝, 막장에 도사린 것이 장애인차별주의·비장애인중심주의 ableism 이다. 능력주의 신봉자에게 장애인이란 무능력자의 원형, 무임승차자의 전형이다.

늘 같은 질문이 나온다. "장애인들은 왜 '시민'에게 불편을 주지?" 답도 늘 같다. "불편을 주지 않으면 해결은커녕 관심조차 없으니까." 시위의 목적은 불편하게 만드는 것이며, 누구도 불편하지 않은 시위는 '네모난 삼각형' 같은 모순이다. 게다가 장애인의 지하철 승차는 엄연히 합법적인 행위다. 이준석과 서울교통공사는 장애인들이 시민을 볼모 잡아 시위를 벌인다고 공격하는데 볼모, 즉 인질은 강압에 의해 자유를 박탈당한 존재다. 회사에 못 간 것도 아니고 지각한 시민이 어떻게 인질씩이나 되나? 오히려 사태를 정확히 묘사하자면 이렇게 말해야 한다. 대한민국의 모든 비장애인들은 오랫동안 장애인의 희생에 '무임승차'해왔다. 그동안 대중교통을 포함한 국가 시스템이 사실상 장애인의 배제 혹은 제한적 이용을 전제로 운영되었기 때문이다.

말 나온 김에 팩트 하나를 공개한다. 놀랍게도, 장애인은 이동의 자유가 있는 헌법상 시민이다! 국가는 시민 권리를 보장할 의무를 지니며, 못할 경우 시민은 최대한의 수단을 동원해 요구하고 항의할 수 있다. 이게 바로 우리가 왕국이 아니라 공화국을 만든 이유다. 그리고 장애를 가진 시민에게 "불편하니까 여기서 시위하지 말라"고 말하는 것이야말로 글자 그대로 의미에서의 혐오다.

혐오가 한국 사회를 뒤덮은 것 같지만, 세상일이 그렇게 한쪽으로만 흘러가지는 않는다. 이준석과 서울교통공사의 공격이 시작되자 전국장애인차별철폐연대(전장연)에 후원금이 쇄도하고 있다. 김예지 국회의원은 전장연의 출근길 시위에 합류해 같은 당 대표의 망발을 사과했다. 저열한 선동에 휩쓸리지 않는 각성한 개인들이 하나둘 모여들어 혐오에 맞서기 시작했다. 이들은 장애인과 비장애인이 동등한 존재라는 사실이 결코 침해될 수 없는 격률임을 아는, 평범한 공화국 시민이다.

상인의 현실감각,
서생의 문제의식

2022-02-17

오늘날 우리는 각자도생의 질주가 격화된 나머지 국가의 미래를 고민하는 일 자체가 주제넘게 느껴질 지경에 이르렀다. 세상이야 어찌 되든 나와 내 부족만 잘되면 그만이라는 지극한 실용주의가 공동체를 갈가리 찢어발겨 해체하고 있다.

몇 해 전 어느 소설가가 신문 칼럼에 이렇게 썼다. "나는 한국에 서생이 너무 많아 문제라는 생각을 가끔 한다. 머리 맞대고 풀어야 할 과제들이 '옳으냐 그르냐'의 싸움으로 변하는 모습을 볼 때 특히 그렇다." "주자학을 신봉했던 나라답"게, "서생의 문제의식은 자주 들을 수 있지만 상인의 현실감각은 그렇지 않다."

일단 조선과 대한민국을 비슷한 사회로 보는 관점에 뜨악하게 된다. 게다가 '서생이 너무 많다'는 의미가 '옳고 그름을 따져 묻는 데 집착한다'는 것이라면 더욱 동의하기 어렵다. 만일 한국이 원리원칙과 시시비비를 따지는 데 깐깐한 사회였다면 세월호 참사는 애당초 일어날 수 없었다. 삼풍백화점은 그렇게 주저앉지 않았을 것이고 성수대교는 지금도 건재했을 것이다. 그러므로 대한민국의 실제 모습은 소설가가 상상한 것의 반대에 더 가깝다. 저런 사건이 한두 번도 아니고 끊임없이 일어난 이유는 명료하다. 한국이라는 사회가, 특히 자본과 권력을 쥔 자들이 원칙과 윤리라는 문제의식을 내던지고 속도, 효율, 가성비 같은 현실감각만을 극단적으로 좇았기 때문이다.

이는 데이터로도 나타난다. 세계 가치관 조사 World Value Survey에 따르면 한국인들의 '세속합리적 가치'는 세계 최고 수준이다. 세속합리적 가치란 과학과 기술, 표준화를 선호하며 자본주의적 이해타산이 빠르단 의미다. 그것은 자본주의 사회를 살아가는 데 유리한 가치관, 이를테면 '상인적 합리성'이다. 반면 '자기표현 가치', 즉 약자·소수자에 대한 관용, 사회적 신뢰, 성평등, 생태환경에 대한 관심 등에서 한국은 비슷한 경제 수준의 나라는 물론이고 동아시아 국가 중에서도 최하위권이다.[18] 한국인은 인종차별도 그냥 하지 않는다. 출신 국가의 국민소득에 따라 철저히 '급'을 나눠 합리적(?)으로 차별한다. 귀화한 역사학자 박노자는 한국인의 이런 습속에 혀를 내두르며 'GNP 인종주의'라 이름 붙였다.

물론 조선의 지배계급이 음풍농월하다 시류를 읽지 못하

고 망국에 이른 과오를 기억하고 경각할 필요는 있다. 서생의 문제의식만으로 상인의 현실감각을 도외시하면 안 되는 것도 원론적으로 맞다. 하지만 지금 한국 사회가 맞닥뜨린 위기는 그런 성격이 아니다. 오늘날 우리는 각자도생의 질주가 격화된 나머지 국가의 미래를 고민하는 일 자체가 주제넘게 느껴질 지경에 이르렀다. 세상이야 어찌 되든 나와 내 부족만 잘되면 그만이라는 지극한 실용주의가 공동체를 갈가리 찢어발겨 해체하고 있다. 이게 우리의 진짜 문제다.

이번 대선이 다른 선거와 구별되는 점도 여기에 있다. 서생의 문제의식은 어느 때보다 희박한 반면, 상인의 현실감각은 터질 듯 부풀어올랐다는 것. 정당 대표, 대선 후보, 극렬 지지자들은 공동체의 미래 청사진을 내걸고 치열하게 토론하는 대신 마녀와 희생양을 지목해 조롱하고 물어뜯는 데 골몰한다. 혐오와 차별이 돈이 되고 표가 된다는 것을, 최고의 '가성비' 전략임을 알아버렸기 때문이다. 게다가 그렇게 막 나가도 별다른 사회적 비판이나 제재가 없다는 사실을 알아버렸기 때문이다. 특히 국민의힘, 이준석 대표, 윤석열 후보가 일관되게 실행한 전략에 주목해야 한다. 여성을 공격하고 청년 남성의 결집을 호소하는 '세대론과 젠더론의 결합'은 어쩌면 향후 한국 선거의 트렌드를 바꿀 수도 있는 중대한 변화다.

공당 대표가 '해줘'라는 여성혐오성 인터넷 밈을 당당히 사용해도, 대선 후보가 공약 자료에서 경찰을 비판한답시고

'오또케'라는 여성혐오 표현을 명시해도, 심지어 "한국에서는 여성에 대한 구조적 차별이 사라졌다"고 선언해도 지지율에 타격을 입지 않는다면, 아니 오히려 지지율이 높아지기까지 한다면, 차별과 혐오를 조장하지 않는 쪽이 손해다. 그래서일까, 어느 유명 가수는 상대편 후보 부인을 향한 저열한 외모 품평에다 위대한 팝 음악가에 대한 모욕까지 얹은 신곡을 발표했다.

혐오와 차별을 부추기면 돈이 생기고 표가 나온다. 반면 그걸 비판하고 제재하는 일엔 별 실익이 없다. 되레 "×선비질 그만하라"는 욕만 날아올 뿐이다. 나는 요즘 한국에 약삭빠른 '상인'이 너무 많아 문제라는 생각을 자주 한다. 그렇기에 지금 필요한 건 더 많은 '서생'이다. 언론과 시민 스스로가 그 역할을 해야 한다.

'활성 이대남' 현상

2022-01-27

젠더 의제에서 적극적으로 발언하고 행동하는 20대 남성을 나는 다른 청년과 구분해 '활성 이대남'이라 부른다. 활성 이대남은 과거에도 있었다. 그러나 그것이 혐오의 확산, 민주주의의 파괴로 이어지고 있는 건 지금이 처음이다. 활성 이대남보다, 이들을 정치적으로 이용하는 기성 정치권이야말로 민주주의의 적이다.

20대 여론에 따라 대선판 전체가 출렁댄다. 특히 윤석열 후보의 경우 20대 남자, 소위 '이대남'의 향배에 따라 지지율이 롤러코스터를 탄다. 유력 후보들과 정당들은 청년 세대의 목소리를 듣겠다고 납작 엎드리지만, 사실 이들이 귀 기울이는 건 여성을 포함한 청년의 목소리가 아니라 안티페미니즘을 외치는 일부 남성의 주장이다. 이렇게 젠더 의제에서 적극적으로 발언하고 행동하는 20대 남성을 나는 다른 청년과 구분해 '활성 이대남'이라 부른다.

현상은 새로울지 몰라도, 활성 이대남의 존재 자체는 전혀 새롭지 않다. 안티페미니즘 기치를 걸고 극단적 인식과 행동을 보인 20대 남성 집단은 과거에도 있었다. 오래전, 대학 페미니즘 매체를 향한 이대남의 사이버 불링Cyber bullying이 일어난 적이 있다. 이른바 '월장 사태'다. 2001년 무렵 일임에도 2022년 사건이라 해도 전혀 어색하지 않을 만큼 양상이 비슷했다. 여성부가 처음으로 설립되고 동시에 남성들 사이에서 여성부 폐지론이 터져나오던 시절이다. 구舊 활성 이대남들이 이제는 40대가 됐다. 놀랍게도 그들은 정치적으로 가장 진보적인 세대라 불린다. 활성 이대남의 출현은 이념적으로 진보냐 보수냐 문제와 크게 상관이 없다.

또 하나 중요한 점은 활성 이대남의 인식이 평균적 청년 남성의 그것과 명확히 다르다는 점이다. 20대 남성은 내부 동질성이 어떤 세대에 비해도 낮게 나타난다. 이 점은 여론조사나 통계를 통해 거듭 확인됐다.[19] '86세대' 'X세대' 'MZ세대' 등 각각의 세대 집단은 내적 동질성의 정도가 서로 다르다. 쉽게 말해 20대끼리 서로 닮은 정도와 60대끼리 닮은 정도가 다르다는 것이다. 동질감이 가장 큰 집단의 대표적 예는 전쟁에 참가해 함께 피를 흘린 '징병 세대'다. 생사를 넘나드는 끔찍한 트라우마를 공유하기에 이들의 사고방식은 정치적 선택에서도 강하게 동기화될 공산이 크다.

오늘날 한국의 20대 남성은 다른 세대보다 훨씬 균열되어 있다. 특히 소득이나 계급에 따른 인식 차이가 크다. 그들은 각기 찢어지고 고립된 개인들이며, 그중 일부는 자신의 정체성 공백을 페미니즘이라는 공동의 적을 통해 메우고 있는 중이다. 이 강한 적대감이 세대적 동질감을 그나마 유지하는 요소의 하나다. 그런데 다른 세대 집단에 비해 왜 이대남 내부의 이질성이 유독 클까? 이에 대해서는 전문가들도 의견이 분분하다. 앞으로 한국 사회가 역량을 집중해 풀어내야 할 숙제다.

예전엔 입에 발린 말일지언정 정치인들이 '국민 통합'이란 말을 자주 썼다. 잘살든 못살든, 남자든 여자든 다 같은 국민이며 함께 살아야 한다고 말했다. 하지만 이제는 대선 후보, 원내 정당 대표라는 자가 대놓고 여성혐오 정서에 올라타 시민들을 서로 반목시키려고 혈안이다. 정치인이란 존재가 원래 사악해서일까? 그렇지 않다. 그런 갈라치기가 단기적으로 효과가 크다는 사실을, 발달한 여론조사 기법과 통계들이 보여주기 때문이다. 분열의 정치는 도저한 실용주의, 이익이 되면 뭐든 한다는 '상인의 현실감각'이 정치판을 지배하며 나타난 필연적 귀결이다.

'이대남 여론이 곧 20대 여론'이라는 주장은 물론 오류지만, '이대남은 과대 대표된 허상'이라고 싸잡아 무시하는 것도 현명하지 않다. 정치 고관여층은 저관여층보다 더 큰 정치적 효능감을 느끼고, 더 큰 영향력을 행사하고, 그리하여 현실정치 구도를 실제로 바꾼다. 더 활발히 정치활동을 하는 시민의 의견이 더 많이 반영되는 것은 자연스럽다. 하지만 먹고사는 일이 너무 힘들어서, 신체적·환경적 장애 때문에, 혹은 또 다른 이유에서 활발히 정치활동을 하기 어려운 시민들도 적지 않다. 이들의 요구가 묵살되거나 턱없이 과소평가되는 것은 결코 바람직하지 않다. 여기서 한발 나아가 정치 고관여층 요구가 그러지 못하는 시민의 요구를 묵살하는 데까지 나아가면, 민주주의 가치와 문화는 근간에서부터 무너지고 만다.

활성 이대남은 과거에도 있었다. 그러나 그것이 혐오의 확산, 민주주의의 파괴로 이어지고 있는 건 지금이 처음이다. 활성 이대남보다 이들을 정치적으로 이용하는 기성 정치권이야말로 민주주의의 적이다.

셜록 홈즈적인 세계

2021-12-02

무엇이 중요한 문제인지에 대해, 서로 생각이 다를 수 있다. 문제는 지나친 자기확신이다. 그런 태도는 확장해야 할 논의를 각자의 폐쇄회로에 가둔다. 세상 대부분의 사건, 특히 가치관과 관련한 것은 자명하지 않다. 분명한 것은 한때 그토록 단단해 보였던 가치에 대한 사회적 합의가 무척 헐거워졌다는 사실이다.

그가 코페르니쿠스의 이론과 태양계의 구성에 대해 아무것도 모른다는 사실을 알았을 때 나의 놀라움은 절정에 달했다. 19세기를 사는 문명인이 지구가 태양 주위를 도는 걸 모른다는 게 도저히 이해되지 않았다. (…) 그는 자신의 목표와 상관없는 지식은 필요 없다고 말했다.[20]

미취학 어린이일 적 내가 가장 동경했던 외국 사람 셜록 홈즈는, 수십 년이 지나 읽으니 그때와 다른 차원에서 흥미로운 존재로 다가왔다. 지금 보니 그가 참으로 21세기적인 인물이란 생각이 든다. 오늘날 우리는 소셜미디어에서 수많은 셜록 홈즈들을 만날 수 있다. 베이커 거리 221B에 살던 이 괴짜 사내처럼, 스스로 선택하고 구성한 타임라인에 갇힌 사람들은 자기가 욕망하는 정보 외에는 무가치하다 여기거나 무관심하다.

단어를 둘러싼 최근의 소동들을 떠올려보자. "멍징하게 직조된? 대체 왜 이렇게 알아들을 수 없이 어려운 말을 쓰는 거죠?" "사흘이라고 하면 '사'가 들어가니 당연히 4일이라고 생각하지 않나요?" "금일이라 하면 금요일인 줄 알지 누가 그걸 오늘로 알아요?" "'무운을 빈다', 즉 '운이 없기를 빈다'라는 뜻이죠."

이런 얘길 꺼내면 기성세대, 특히 연배 지긋한 어르신들은 반색하며 맞장구친다. 그러면서 요즘 젊은것들의 몰상식과 무식함에 대한 일장 연설을 시작한다. 물론 저런 단어를 모르는 건 무식한 게 맞다. 그럼에도 난 어르신의 성토 대회에 온전히 동참할 수 없다. 단순히 특정 세대의 무지가 드러난 사건이라기보다 우리 시대의 어떤 곤경을 보여주는 징후라 여기기 때문이다.

단어나 개념의 의미를 공유하는 일은 그저 개인의 학습 수준으로 환원되지 않는다. 말글을 공유한다는 것은 그것이 품은 세계관, 가치 기준, 정서 등을 상당 부분 공유하는 것이다. '멍징·직조·사흘·금일·무운' 사태에서 정작 눈여겨보아야 하는 점은 젊은 세대의 무지 자체가 아니라 무지에 대한 태도다. 그들은 저 단어를 모르는 걸 부끄러워하기보다 '내가 왜 그걸 알아야 하느냐'는 듯 당당했다. 이게 핵심이다. 모르는 것이 수치스러우려면 그것이 중요한 지식이라는 합의 내지 감각이 있어야 한다. 하지만 그런 공통 감각이 없거나 옅다면, 무지는 더 이상 부끄러운 게 아니다. 그것은 단지 취향의 문제가 되고, 더 나아가면 "난 그걸 알기 싫다"는 '적극적 무지'에 가 닿게 된다.

이는 젊은 세대만의 문제도 아니다. 얼마 전 참석한 어느 토론회에서 나는 젊은 세대와는 또 다른 기성세대만의 무지를 절절히 느낄 수 있었다. 토론회는 선배 세대 언론인과 후배 세대 언론인들의 인식 격차가 적나라하게 드러난 자리였는데, 어떤 선배 기자는 후배들이 선호하는 기후위기나 젠더 이슈에 대해 "그런 말랑말랑한 아이템은 교양국에 주고 우리는 묵직하게 가야 한다"고 사자후를 토했다. 또 다른 선배 세대 기자는 입사지원자 중 하나가 6·10항쟁과 6·15선언을 혼동하는 것을 보고 충격을 받았다고 고백했다. 요컨대 6·10항쟁과 6·15선언은 세상에서 가장 중요한 사건에 속하기에 결코 혼동해선 안 되지만, 기후위기나 젠더 의제는 여의도 정치나 검찰개혁보다 가벼운 사안인 것이다. 요새 젊은이들이 '명징·직조'와 '무운'을 모르는 것을 부끄러워하지 않듯이, 그들은 기후위기와 젠더 문제가 그렇게까지 중요하지는 않다고 태연자약 말하고 있었다. 이들은 사회현상에 대한 자신의 가치판단, 뉴스의 우선순위에 대해 일말의 의심조차 없어 보였다.

　무엇이 중요한 문제인지에 대해 서로 생각이 다를 수 있다. 문제는 지나친 자기확신이다. 그런 태도는 확장해야 할 논의를 각자의 폐쇄회로에 가둔다. 세상 대부분의 사건, 특히 가치관과 관련한 것은 자명하지 않다. 분명한 것은 한때 그토록 단단해 보였던 가치에 대한 사회적 합의가 무척 헐거워졌다는 사실이다. 예컨대 지금 젊은 세대는 학생회나 노동조합 지도부, 즉 위임되거나 대의된 권력에 끊임없이 문제를 제기한다. 그리고 사안마다 전원 다수결로 결정하자고 주장한다. 소위 '단톡방 문화'에 익숙한 그들은 민주주의에 대한 인식에서부터 기성세대와 사뭇 다른 것이다. 그리하여 공론장의 토론은 점점 더 난감해지고 있다. 이 셜록 홈즈적인 세계에서 우리는 어떻게 공통적인 것을 찾아낼 수 있을까.

다 죽기 전에 그만해!

2021-11-04

인류 역사를 보면 극소수가 한정된 자원을 독식하는 현상, 즉 불평등에 사람들이 격렬히 저항해왔음을 발견하게 된다. 왜일까? 부자를 보면 배알이 뒤틀려서? 그보다 중요한 이유가 있다. 불평등이 모두를 위태롭게 만들기 때문이다.

엄청나게 돈이 많은 부자들은 생각도 비슷할 것 같지만, 꼭 그렇지만도 않다. 벤처 투자자이자 억만장자인 닉 하나우어는 부자들이 스스로 자랑하는 것만큼 세상에 기여하진 못한다는 사실을 폭로한 내부 고발자다. 그는 2013년 미 상원 경제정책 청문회에 출두해서 이렇게 말했다. "부자들은 일자리를 창출하지 않음으로써 부자가 됩니다. 사업해본 사람이면 고용을 늘리는 게 마지막 수단이고, 고객이 늘어나 꼭 필요할 때만 하는 조치임을 누구나 압니다. 부자들은 버는 만큼 수요를 만들지도 않습니다. 저는 중위임금의 1천 배를 벌지만 1천 배만큼 물건을 사진 않습니다. 저희 가족은 차를 세 대 소유하고 있습니다, 3천 대가 아니고요." 한국 역시 재벌이나 소위 '슈퍼리치'의 고용 효과는 크지 않다. 통계청의 2017년 '영리법인 기업체 행정통계'를 보면 재벌의 고용은 전체 고용의 13퍼센트 수준이다.

어떤 직업은 늘 과대평가되는 반면, 어떤 직업은 늘 과소평가된다. 탁월한 인류학자이자 월스트리트 시위를 이끈 열정적 '운동권'이었던 데이비드 그레이버는 잡지 《스트라이크》 기고문에서 그렇게 과대평가된 직업을 '허튼 직업bullshit job'이라 불렀다. 좀 길지만, 퇴화해버린 우리의 시민윤리를 일깨우는 주장이기에 인용해본다.

우리 사회에는 한 사람의 일이 다른 사람들에게 명백하게 이익이 될수록 더 적은 보수를 받기 쉽다는 일반법칙이 있는 것 같습니다. 어떤 일이 필요한 일인지 객관적인 기준을 대긴 어렵습니다. 하지만 모종의 감각을 가져볼 수는 있습니다. 어떤 계급의 사람들이 사라지면 무슨 일이 일어날까요? 간호사, 폐품 수집인, 기계공에 대해 말해봅시다. 만약 그들이 연기처럼 사라진다면 그 결과는 치명적일 테지요. 교사나 부두 노동자가 없는 세상은 곧 곤경에 빠질 것이고, 과학소설 작가나 스카ska 뮤지션이 없어져도 우린 분명 아쉬워질 겁니다. 하지만 사모펀드 CEO, 로비스트, 홍보 연구원, 보험사, 텔레마케터, 집달관, 법률 컨설턴트

등이 모두 사라진다고 해서 인류가 어떤 고통을 겪게 될지는 그리 분명하지 않습니다. 소수의 예외(의사 등)를 제외하고 이 규칙은 놀라우리만치 잘 들어맞습니다. (번역: 필자)

인류 역사를 보면 극소수가 한정된 자원을 독식하는 현상, 즉 불평등에 사람들이 격렬히 저항해왔음을 발견하게 된다. 왜일까? 부자를 보면 배알이 뒤틀려서? 그보다 중요한 이유가 있다. 불평등이 모두를 위태롭게 만들기 때문이다. 사회역학자 리처드 윌킨슨과 케이트 피킷은 불평등한 국가의 시민이 평등한 국가 시민보다 약물에 중독될 확률, 살해당할 확률, 비만이 될 확률 등이 두 배에서 열 배 정도 높게 나타난단 사실을 발견했다. 불평등은 '심지어' 경제성장에도 해롭다. 경제협력개발기구는 2015년 발간한 보고서에서 이렇게 지적했다. "재분배 정책이 성장률을 떨어뜨린다는 증거는 희박하지만 불평등이 장기적인 경제성장에 해롭다는 증거는 많다."

불평등을 줄여야 할 이유는 차고 넘치지만 부의 집중을 장려할 이유는 거의 없다. 그래서일까, 몇 해 전 아메리칸드림과 능력주의의 나라 미국에서 놀라운 사건이 일어났다. 2016년 미국 포틀랜드 시의회는 경영자의 과도한 연봉에 법인세를 더 부과하는 법안을 미국 최초로 도입했다. 이 법안에 따르면 경영자의 연봉이 중간 직원 연봉의 1백 배를 넘어서면 법인세를 1만 달러 인상하고 250배를 넘으면 2만

5천 달러 더 인상하게 된다. 경제학자 브랑코 밀라노비치는 이 법안을 가리켜 "불평등을 겨냥한 최초의 세금"이라며 "불평등을 탄소 배출 같은 부정적 외부 효과로 보는 세금이라는 점에서 참신한 시도"라고 평했다. 이 법안은 최고임금을 중위임금 또는 최저임금과 연동시키는 이른바 '급여 비율 정치 pay ratio politics'의 일종이다. 이는 영국에도 반향을 일으켜서, 노동당은 국가가 정한 생활임금 또는 중위임금의 스무 배 이상 급여를 주는 기업에 추가로 과세하는 정책을 당 정책안에 포함시켰다.

지나친 부는 특권의 가장 큰 원천이다. 불평등과 능력주의에 기반을 둔 이 게임에는 미래가 없다. 최근 수년간 점점 많은 사람들이 "그만해, 이러면 다 죽어!"라고 외치며 행동에 나서고 있다. 우리는 지금 무엇을 하고 있는가.

'선진국'이라는 착각

2021-10-07

2019년 경제협력개발기구 조사 결과를 보면, 한국은 동성애 관용성에서 36개국 중 32위로 최하위권이었다. 대다수 나라들과 달리 한국은 아무리 경제 수준이 올라가도 관용이나 신뢰가 크게 늘어나지 않았다. '곳간에서 인심 난다'는 속담이 한국엔 잘 통용되지 않는 것이다.

한국은 '선진국'이다. 국내총생산 GDP 규모로 봐도 그렇고, K-팝과 〈오징어 게임〉의 성공을 봐도 그렇다. 심지어 명품 소비에서도 대한민국은 세계 최고 수준이다. 오해할까 봐 밝혀두지만, 이 말에 냉소와 경멸은 섞여 있지 않다. 물질문명은 구성원의 수명과 건강을 증진하고, 나아가 이들의 '평균적 고통'을 경감하는 데 지대한 역할을 한다. 이것만으로도 가치가 있다. 문제는 그게 전부가 아니라는 점이다.

사회학자 로널드 잉글하트와 동료들은 "물질적으로 풍요로워질수록 인류의 관심사는 즉자적 생존에서 '삶의 질'

과 '민주주의의 심화'로 옮겨간다"고 진단했다. 쉽게 말해 경제 수준이 올라가면 타인에 대한 배려, 약자에 대한 관용도 커지며 나아가서 민주주의의 내실도 깊어진다는 것이다. 이를 증명하기 위해 그들은 40년 동안 백 수십 국가에서 '세계 가치관 조사'를 진행했고, 많은 나라에서 이러한 경향이 관찰되었다. 그들은 이를 '조용한 혁명'이라 불렀다.

민주주의는 잉글하트와 동료들의 주된 관심사였다. 민주주의의 심화, 즉 민주주의가 깊어진다는 말의 의미는 '형식적 민주주의'에서 '효과적 민주주의'로 옮겨감을 뜻한다. 형식적 민주주의는 자유와 평등이 표면적·제도적으로 보장된 민주주의다. 그런데 민주주의가 형식적으로 구비되어 있다고 해서 모든 나라가 실질적으로 민주주의 사회인 건 아니다. 효과적 민주주의는 민주주의가 제도로 존재할 뿐 아니라 실제로 개인이 일상에서 자유를 충분히 누리고 평등하게 존중받는 민주주의다. 우리가 흔히 선진국이라 부르는 북유럽과 서유럽 몇몇 나라들은 이 효과적 민주주의가 높게 나타나는 사회다.

한국은 어떨까? 'K-민주주의'라는 말이 나올 정도로 한국인의 민주화 자부심은 강하다. 촛불시위는 한국인의 높은 시민의식의 상징으로 여겨진다. 그렇다면 한국 민주주의도 심화된 것일까? 바꿔 말해 한국은 효과적 민주주의 사회로 이행했을까? 유감스럽게도 그러지 못했다. 한국은 형식적 민주주의에서는 거의 서유럽 선진국들에 근접해 있으나 효

과적 민주주의에서는 큰 격차를 보이며 아래로 처져 있다. 일본은 물론 대만보다 낮다.[21]

이들의 연구가 무슨 절대적 진리는 아니다. 그러나 적어도 일관된 기준은 있다. 민주주의와 관련해 중요한 요소는 '자기표현 가치self-expression values'와 '엘리트 고결성elite integrity'이다. 자기표현 가치는 후기산업사회로 갈수록 짙어지는 특징으로서, '친족관계와 이해관계를 넘어서는 유대와 관용, 자유를 향한 열망, 타인에 대한 신뢰, 인류 전체의 문제에 지대한 관심'을 가리킨다. 잉글하트는 동성애 관용성을 특별히 강조하는데, 이것이 자기표현 가치와 가장 밀접한 연관을 보이는 지표이기 때문이다. 참고로 2019년 경제협력개발기구 조사 결과를 보면, 한국은 동성애 관용성에서 36개국 중 32위로 최하위권이었다. 대다수 나라들과 달리 한국은 아무리 경제 수준이 올라가도 관용이나 신뢰가 크게 늘어나지 않았다. '곳간에서 인심 난다'는 속담이 한국엔 잘 통용되지 않는 것이다.

엘리트 고결성은 쉽게 말해 '엘리트가 얼마나 부패하지 않고 청렴한가'다. 효과적 민주주의 지수 자체가 형식적 민주주의와 엘리트 고결성의 곱으로 계산될 정도로 엘리트 고결성은 민주주의 수준에 결정적이다. 한국의 엘리트 고결성은 어떨까? 다들 짐작하듯 처참한 상태다. 최근 대장동 게이트는 한국의 법조 엘리트가 얼마나 철저히 썩어 있는지 다시 확인해주었다. 경제협력개발기구는 틈만 나면 "한국 최고위층 부패가 심각하다"고 경고하지만, 이 나라는 늘 그대로다. 이러니 효과적 민주주의 지표가 높게 나오면 그게 더 이상한 일이다.

덧붙여 제기하고 싶은 건 능력주의다. 한국의 능력주의는 불공정에만 몰입하면서 불평등은 외면하는 결과를 낳았다. 우리는 특권을 쟁취하는 과정의 공정에 예민하게 반응하면서 특권 자체를 줄이는 데는 놀라울 정도로 무관심하다. 하지만 특권을 그대로 둔 채 부패와 불공정에 분노하는 일은, 음식을 한곳에 쌓아두고 벌레가 꼬인다고 역정 내는 짓이나 다름없다. 한국 사회가 형식적 민주화에 머물 뿐 사회경제 민주화로 나아가지 못하는 이유도 여기 있는 건 아닐까. '선진국'에 붙은 따옴표를 떼기 위해선 갈 길이 멀다.

시민이 군을 통제해야 한다 2021-09-09

위계적이고 권위적인 조직은 자정이 어렵다. 군대는 그중에도 악성이다. 특히 대한민국 군대는 절대 스스로 바뀌지 않는다. 군대 자체를 당장 없앨 수 없다면 적어도 군 인권 수준을 시대에 맞게 현대화해야 한다. 그리고 이는 반드시 외부에서, 시민의 힘으로 강제되어야 한다.

"하, 차라리 군대가 바뀔 거라고 하십시오." "바뀔 수도 있잖아. 우리가 바꾸면 되지." "저희 부대에 수통 있지 않습니까. 거기 뭐라고 적혀 있는지 아십니까? '1953', 6·25 때 쓰던 거라고. 수통도 안 바뀌는데 무슨……."

넷플릭스 드라마 〈D.P.〉의 대사다. 대한민국 군대, 극단적 폭력과 부조리가 은폐와 방조로 대물림되는 곳. 6·25 때 수통은 황당하긴 해도 사람을 죽이진 않는다. 하지만 한국의 군대는 지금 이 시각에도 구성원을 죽음으로 몰고 있다.

며칠 전 해군 강감찬함에서 집단 괴롭힘을 당한 병사가

휴가 중이던 지난 6월 극단적 선택을 했다고 한다. 군인권센터 임태훈 소장에 따르면, 피해자는 가혹행위를 신고했으나 2차 가해만 일어났고 조사는 제대로 진행되지 않았다. 해군뿐일까? 육군이건 공군이건 다 똑같다. 여군의 성폭력 피해와 은폐, 피해자 자살도 끊이지 않고 일어난다. 군 폭력 피해자는 도처에 있다. 집안의 기대를 한몸에 받았던 나의 큰삼촌은 군대에서 당한 폭행으로 심각한 장애를 갖게 됐다. 그는 제대 후 어떤 사회활동도 못한 채 고통받다가 일찍 세상을 떠났다. 전도유망했던 공학도의 삶이 송두리째 무너졌지만 군대의 어느 누구도 책임지지 않았다.

문제가 개선되지 않는 이유는 다양하지만 첫째 이유는 사법기관이다. 구체적으로 평시 군사법원이다. 군사법원의 군검사와 군판사는 법무부가 아닌 국방부 소속이다. 군대 내부에서 수사와 재판이 모두 이뤄지다 보니 피해자에 대한 회유와 협박, 조직적 2차 가해, 사건 축소 및 은폐 등이 일상적으로 벌어진다. 내부자가 내부자를 재판하는 격이니 범죄를 제대로 단죄할 수 있을 리 없다. 혹자는 군사법원의 존치 이유로 '분단국가 군대의 기강 확립'을 말하지만 구성원을 때리고 괴롭히고 강간하는 건 기강 확립이 아니라 범죄일 뿐이다.

물론 군사법원과 달리 형식상 독립된 한국의 사법부가 과연 법 앞의 평등을 실현하고 있는가, 시민에게 그런 신뢰를 주고 있는가 묻는다면 선뜻 긍정하긴 어렵다. 그러나 사법부는 법의 공정성을 적어도 형식적으로는 확보하고 있는 반면, 군사법원은 형식이든 내용이든 공정하기 어려운 구조다. 평시 군사법원, 바로 이것이 한국군 창설 이후 70년간 군대를 썩어 문드러지게 만든 '암흑의 핵심'이다.

군의 대응은 한결같다. 비판이 비등하면 납작 엎드려 실태조사를 벌이고 개혁안을 만드는 시늉을 하다가, 잠잠해지면 언제 그랬냐는 듯 원 상태로 되돌아간다. 2014년 윤 일병 사망 사건 당시 국민적 공분이 일었고 민·관·군 병영문화혁신위원회가 설치됐다. 군사법원 폐지가 논의됐지만 결국 성사되지 못했다. 최근 군대 성폭력 사건 폭로가 잇따르자 또 위원회가 꾸려졌고 국회는 법 개정안을 통과시켰다. 고등군사법원은 폐지되었으나 이번에도 평시 군사법원은 전면 폐지되지 못했다. 심지어 국방부는 얼마 전 민·관·군 합동위원회가 마치 평시 군사법원 존치를 주장한 것처럼 왜곡해 국회에 보고한 것으로 드러났다. 사태가 이 지경에 이르렀음에도 군은 시민을 바보 취급하고 있는 것이다.

군사법원만이 아니라 헌법에도 문제가 있다. '유신헌법의 독소조항'이란 평가를 받아온 헌법 29조 2항이다. "군인·군무원·경찰공무원 기타 법률이 정하는 자가 전투·훈련 등 직무집행과 관련하여 받은 손해에 대하여는 법률이 정하는 보상 외에 국가 또는 공공단체에 공무원의 직무상 불법행위로 인한 배상은 청구할 수 없다." 이 조항은 군인과 경찰 등이 공무원의 불법, 부당한 행위로 입은 피해에 대해 국가에 배상을 청구할 수 없도록 기본권을 박탈한 악법이다. 가까운 미래에 반드시 고쳐야 한다.

위계적이고 권위적인 조직은 자정이 어렵다. 군대는 그중에도 악성이다. 특히 대한민국 군대는 절대 스스로 바뀌지 않는다. 군대 자체를 당장 없앨 수 없다면 적어도 군 인권 수준을 시대에 맞게 현대화해야 한다. 그리고 이는 반드시 외부에서, 시민의 힘으로 강제되어야 한다.

김영삼 정권의 하나회 척결 이후 군의 문민 통제 시대가 열렸다고들 한다. 그러나 대한민국 군대의 현 상태는 진정한 의미의 '시민 통제'에 이르지 못했음을 방증한다. 군을 더 이상 인권 사각지대로 놓아둬선 안 된다. 시민의 적극적 개입만이 군대를 바꿀 수 있다.

혼돈의 이유

2021-08-19

개인 또는 집단에 대한 부정적인 규정들, 예컨대 모욕, 조롱·비하, 혐오표현, 차별, 배제 등은 각각 다른 의미와 사용 맥락을 가진다. 같은 혐오라고 해도 뱀을 만졌을 때 느껴지는 생리적 혐오와 혐오표현의 혐오는 같지 않다. 또한 같은 말이라 해도 대상이 사회적 약자인가 강자인가에 따라서 해석과 규제 수준이 완전히 달라질 수 있다.

2016년 5월 27일 부산에서 개최된 5·17 여성혐오 반대 문화제에서 '서초동 화장실 살인사건' 추모 집회를 열고 있다.

공론장의 말들이 엉망진창이다. 욕설과 막말은 차라리 낫다. 그게 나쁜 말인 줄은 어린이들도 아니까. 가장 해로운 건 역시 진영논리와 결합된 음모론이지만, 못지않게 해로운 말들이 있다. 대표적인 게 '남성혐오'다. 많은 매체가 남성혐오를 여성혐오와 함께 언급하며 남녀갈등 혹은 젠더갈등이라 부르고 있다. 심지어 어떤 사람들은 한국에서 남성혐오가 여성혐오보다 문제라고 강변한다. 모르는 누가 보면 한국이 경제협력개발기구 회원국 중 여성 권리 1, 2위쯤 하는 나라인 줄 알겠다. 이 혼돈은 대체 무엇일까? 왜 이렇게 된 것일까?

안산 선수를 공격한 논리도, 처음엔 '숏컷'이었지만 최종적으로 남혐(남성혐오)으로 귀결했다. 남성혐오를 상징하는 특정 단어('웅앵웅' '오조오억')를 언급했다는 것이다. 그러면서 이렇게 주장한다. "여성혐오가 나쁘면 남성혐오도 나쁘다!" 일단 저 단어들이 남성혐오라는 주장부터 별 근거가 없다. 더 심각한 문제는 남성혐오를 여성혐오와 동급의 사회악으로 놓는 행태다. 많은 언론이 이 구도를 그대로 받아썼다. 그러다 보니 마치 남성에 대한 구조적 차별이 존재하는 것처럼 보인다. 당연히 사실이 아니다. 한국을 포함해 인류의 대부분은 여전히 남성중심·가부장제 공동체다. 남성차별·남성혐오는 대개 실재 자체가 의심스럽거나, 실재하더라도 여성차별·여성혐오처럼 보편적이고 치명적인 문제라 볼 수 없다. 여성혐오 misogyny와 남성혐오 misandry로 학술

검색만 해봐도 금세 확인 가능하다.

언젠가 소셜미디어에 남성혐오가 왜 여성혐오와 다른지를 쓰면서 젠더 권력관계의 비대칭을 근거의 하나로 든 적이 있다. 그러자 프로필에 국립서울대학교 출신이라 밝힌 이가 나타나서 "(사회적 약자라고 할 수 없는) 노무현 전 대통령에 대한 '일베'의 혐오가 크게 비난받는 것처럼, 남성혐오도 비판받아야 하는 게 아니냐"고 반박했다. 감각적 혐오 disgust, 개인에 대한 모욕 insult, 혐오표현 hate speech 등의 개념 차이를 모르거나 무시하기에 나올 수 있는 전형적인 반응이었다.

남혐과 여혐을 등치하는 게 어제오늘 일은 아니다. 그래서 용어를 둘러싼 논란도 없지 않다. 여성혐오라는 번역어가 'misogyny'의 뜻을 온전히 담지 못해 오해를 부르며, 남성혐오도 '혐오'고 여성혐오도 '혐오'다 보니 대칭적 용어로 인식되기 쉽다는 것이다. 혐오 개념의 남용도 지적된다. 개인 또는 집단에 대한 부정적인 규정들, 예컨대 모욕, 조롱·비하, 혐오표현, 차별, 배제 등은 각각 다른 의미와 사용 맥락을 가진다. 같은 혐오라고 해도 뱀을 만졌을 때 느껴지는 생리적 혐오와 혐오표현의 혐오는 같지 않다. 또한 같은 말이라 해도 대상이 사회적 약자인가 강자인가에 따라서 해석과 규제 수준이 완전히 달라질 수 있다. 이를 전부 뭉뚱그려 혐오라 부르니 오해와 착각이 난무하는 것도 어쩌면 자연스럽다.

그럼 혼돈을 해결하기 위해 용어 바로 쓰기, 즉 정명正名 운동에 나서면 되는가? 물론 용어를 정확히 쓰는 것은 중요하다. 정명은 특히 대중매체 종사자들에게는 아무리 강조해도 지나치지 않은 필수 소양이다. 사태에 언론의 책임이 크다는 점에서도 그렇다. 그러나 문제의 원인과 해결책을 용어법에서만 찾다가는 자칫 더 근본적인 요인을 간과할 수 있다. 크게 두 가지다. 차별을 규제하는 제도, 그리고 약자·소수자에 대한 존중 같은 시민적 연대의 문화다.

제도와 문화 중 뭐가 우선인지는 '닭이냐 달걀이냐'처럼 오래된 논쟁거리다. 다만 분명한 건 한국의 법과 제도가, 아직 충분한 수준은 아니지만 적어도 구성원에 대한 차별과 배제를 원칙적으로 금지하고, 약자에 대한 지원을 명시하고 있다는 점이다. 그렇다면 문화를 잘 들여다볼 필요가 있다. 차별을 방관하거나 조장하는 문화가 만연하면 제도는 허울에 불과해지기 때문이다.

2014년 서울대 사회발전연구소가 52개 나라의 관용성 수준을 평가한 결과 "자녀에게 관용과 타인에 대한 존중을 가르쳐야 한다"고 응답한 한국인은 45.3퍼센트로 52위, 즉 꼴찌였다. 한국의 관용과 타인에 대한 존중은 1인당 국내총생산 1,807달러인 르완다(56.4퍼센트)보다도 낮았다. 피땀 어린 경제성장 끝에 대한민국은 이런 '선진국'이 된 것이다. 혹시 이것이 혼돈을 설명해줄 유력한 단서는 아닐까.

노동시간, 더 줄여야 한다

2021-07-22

왜 노동시간을 줄여야 하는가. 긴 노동시간이 인간의 삶을, 직접적으로 생명을 위협하기 때문이다. 인간은 쉬지 않고 오래 일할수록 아프고, 다치고, 금방 죽는다. 이미 수많은 데이터로 증명된 사실이며 일하는 사람이면 누구나 체감하는 진실이다.

유력한 대선주자인 윤석열이 주 52시간제를 "실패한 정책"이라며 "한 주에 52시간이 아니라 120시간이라도 바짝 일하고 이후에 마음껏 쉴 수 있어야 한다"고 말했다. 큰 비난이 일자 그는 "120시간 일해야 한다는 이야기가 아니"라며 "왜곡하지 말라"고 역정을 냈다. 이분, 눈치까지 없다. 사람들은 '120시간 일을 시켜야 한다'고 해서 분노한 게 아니다. 말본새에 빤히 드러난 몰상식에 경악한 것이다.

흥미로운 부분은, 노조나 좌파들보다 민주당과 그 지지자들이 되레 윤 씨 발언에 분기탱천했다는 점이다. 이들은 "아우슈비츠의 98시간 노동"(김영배) "쌍팔년으로 퇴행"(강병원) 등 격한 비난을 쏟아냈다. 말만 들으면 세상 둘도 없는 노동자의 친구 같다. 하지만 실은 정부와 민주당이야말로 노동자를 위험에 방치한 장본인이다.

다른 사례도 많지만 가장 최근인 7월 12일 입법 예고된 중대재해처벌법 시행령을 보자. 정부는 과로사의 주원인으로 꼽히는 심혈관계 질환, 근골격계 질환, 난청 등 업무상 질병을 법안에서 빼고 삼성 반도체 사례 등 직업성 암도 제외했다. 애초 중대재해(기업)처벌법에는 구의역 김 군, 서부발전 김용균 씨, 평택항 이선호 씨 등 노동자의 참혹한 죽음을 더 이상 반복하지 말자는 간절한 염원이 담겨 있었다. 그 법을 누더기로 만들어 무력화시키는 데 최대 역할을 한 정부와 민주당이 윤석열을 공격하며 '노동' '인권' 운운하니 가소롭지 않을 도리가 없다. 윤석열이나 국민의힘 같은 무리를 '일자무식한 깡패'라고 한다면, 민주당 같은 무리는 '입만 산 양아치'라 불러야 하지 않을까.

무지몽매한 말, 표리부동한 말에 휘둘리기보다 노동시간을 줄여야 하는 이유를 되새기는 게 생산적이지 싶다. 왜 노동시간을 줄여야 하는가. 긴 노동시간이 인간의 삶을, 직접적으로 생명을 위협하기 때문이다. 인간은 쉬지 않고 오래 일할수록 아프고, 다치고, 금방 죽는다. 이미 수많은 데이터로 증명된 사실이며 일하는 사람이면 누구나 체감하는 진실이다. 19세기 산업사회의 노동시간은 연 3천 시간이 넘었으나 오늘날 독일, 프랑스의 경우 절반인 1천5백 시간 이하로 줄었다. 한국은 2019년 기준 1,967시간으로, 경제협력개발기구 평균인 1,726시간보다 상당히 길고 여전히 최하위권이다.

'마음껏 일할 자유'를 말하는 사람을 본 적이 있다. 내가 더 일하고 싶다는데 왜 국가가 못하게 하냐는 것이다. 이렇게 말해주었다. "물론 당신이 몸 으스러지게 일하는 건 원칙적으로 자유다. 하지만 당신이 다른 이에게 그렇게 일을 시키면 처벌받을 것이다. 당신의 고용인이 있다면 그가 처벌받을 것이다. 한국 법체계는 전적으로 방임적이지도, 또 전적으로 후견적이지도 않지만 그렇다고 시민이 서로를 망가뜨리는 일이 허용되진 않는다. 정 마음에 안 들면 이민도 방법이다. 다만 소위 선진국에선 주 5일제가 아니라 주 4일제가 도입되고 있음을 염두에 두시라."

IT 노동자, 연구직 등은 이른바 '크런치 모드'로 일하기 때문에 예외 적용되어야 한다는 주장도 끈질기게 제기된다. 그러나 이미 선택근로제와 탄력근로제 등의 우회로가 존재할 뿐 아니라, 5~29인 사업장인 경우 특별연장근로까지 가능하다. 이 정도 예외 조치로도 생산성이 확보되지 않는다면 그냥 인력이 턱없이 부족한 것이다. 외국을 보면 오히려 노동시간을 줄여 생산성을 높인 사례가 적지 않다. 2019년 마이크로소프트 재팬은 5주 동안 주 4일 근무를 시행한 결과 생산성이 전년 동기 대비 40퍼센트 증가했다.[22]

과거 주 40시간제 도입 당시(강조하건대 주 52시간이 아니라 주 40시간이 원칙이다), 재벌과 경제신문 등은 생산성이 크게 떨어질 거라며 일제히 반발했다. 시행 후 조사해보니 10인 이상 제조업체 1인당 실질 부가가치 산출이 약 1.5퍼센트 향상된 것으로 나타났다.[23] 줄었다곤 하지만 한국의 노동시간은 지금도 너무 길다. 사람이 계속 죽어나갈 만큼 길다. 과로사 통계가 있는 일본과 달리, 한국은 경제협력개발기구 중에서 가장 오래 일하는 나라임에도 아직 과로사의 법적 개념조차 정립되어 있지 않다. 헨리 포드가 주 40시간 근무제를 선언한 때가 무려 1926년이었다. 노동시간, 더 줄여야 한다.

잔혹한 공감, 그들만의 공정

2021-06-24

왜 어떤 공감은 이토록 잔혹하며, 어떤 공정은 이렇게 딴판일까? 본래 따뜻하고 올바른, 그래서 대다수가 동의할 만한 가치들이 아닌가? 이유는 간단하다. 그것이 선택적 공감이고 선택적 공정이기 때문이다.

어떤 '공감'은 참 잔혹하다. 2021년 4월, 한강에서 의대생이 친구와 술을 마시다 실종됐다. 아들을 찾아 헤매는 아버지의 애타는 사연이 큰 공감을 불러일으켰다. 대대적인 수색 끝에 실종자의 주검이 발견되었지만 사태는 끝나지 않았다. 경찰 수사 과정은 시시각각 보도됐으며 방송사는 특집 프로그램을 편성했다. 전국이 들끓었다. 많은 시민이 진상규명을 촉구하는 집회를 열었다.

그런데 넉 달 전인 2020년 12월에도 20대 청년이 한강에서 실종됐었다. 발달장애인인 실종자는 코로나19로 시설에 나가지 못하던 중 어머니와 한강에 산책 나갔다 길을 잃었고, 90일 만에 시신으로 발견됐다. 아들을 찾기 위해 죽을 힘을 다해 뛰어다니던 엄마는 기사에 달린 댓글을 보며 무너졌다. "날씨도 추운데 왜 애를 인적 드문 곳에 데리고 갔냐." "엄마를 조사해봐라." "애 보험 들어놨는지 꼭 살펴봐라."

어떤 '공정'은 참 딴판이다. 한국에서 가장 큰 야당 대표가 된 사람은 중학교 시절 시험 등수를 놓고 치열하게 다툰 경험을 "완벽하게 공정한 경쟁"이라고 표현했다. 그는 "시험보다 공정한 제도가 어디 있느냐"면서 할당제 폐지와 정치인 자격시험을 당당히 요구한다.

한편 열여덟 살부터 공장에서 일했던 사람은 생각이 다르다. 그는 "사회가 노력으로 쳐주는 건 공무원시험, 의전원 같은 것이지만 그런 건 돈 없으면 못하는 것들"이라고 지적한다. "난 돈을 벌어야 했고 실패하면 일어설 수 없기 때문에 도전할 용기를 낼 수 없었다." 그는 소위 '개천용'에 대해서 이렇게 말했다. "사람들은 '개천에서 용 난다'는 예외적 성공담을 말한다. 하지만 왜 개천이 존재하는지, 그것이 왜 잘못됐는지는 아무도 묻지 않는다."[24]

왜 공감은 이토록 잔혹하며, 공정은 이렇게 딴판일까? 본래 따뜻하고 올바른, 그래서 대다수가 동의할 만한 가치들이 아닌가? 이유는 간단하다. 그것이 선택적 공감이고 선택적 공정이기 때문이다. 위 사례에서 마지막 발언만이 편향에 빠지지 않고 구조적 문제를 짚어내고 있다.

심리학자 폴 블룸은 공감을 두 가지로 구별한다. 정서적 공감empathy과 인지적 공감sympathy이다. 정서적 공감은 타인의 마음을 '느끼는' 것이고, 인지적 공감은 타인의 마음을 '헤아리는' 것이다. 정서적 공감은 자신과 비슷하다 느끼는 존재에게 즉각 발동하면서도, 자신과 다르다 느끼는 존재에게는 잘 발동하지 않는다. 블룸은 정서적 공감이 스포트라이트spotlight처럼 좁은 영역에 극히 강한 빛을 내리쬐지만 나머지를 어둠에 방치하는 경향이 있다고 말한다. 의대생 실종에 과몰입하면서도 발달장애인 실종에는 냉담한 사람들이 그 전형적인 예다. 우월하게 여기는 사람을 자신과 동일시하고 열등하게 여기는 사람을 공감의 대상에서 배제하는 것은, 많은 학자들이 지적하듯 타고난 본성이 아니라 가정이나 학교에서 학습된 결과다. 심리학자 고든 올포트는 이를 '편견학습'이라 불렀다.

선택적 공감은 이렇게 누군가에겐 더할 나위 없이 친절하지만 누군가에겐 말할 수 없이 잔인하다. 다만 대개 의도하지 않은 반응이라는 점에서 정상참작의 여지가 있다. 반면 선택적 공정은 죄질이 나쁘다. '시험은 완벽하게 공정한 경쟁'이라 주장하는 사람들 대부분이 의도적으로 공정 개념을 왜곡한다. 사실 이들은 비례적 형평, 즉 기여와 성과를 '칼같이' 계산하는 일에 별 관심이 없다. 만약 이들이 정말 형평을 추구했다면, 같은 일을 하고도 고용불안을 감수하는 비정규직 노동자에게는 혜택을 더 제공해야 한다고 주장해야 한다. 그러나 이들의 관심사는 노동의 가치가 아닌 시험 성적에 따른 특권, 지대일 뿐이다. 지대를 계속 누리기 위해서는 시험처럼 특정 집단에 유리한 진입장벽을 점점 높여가는 게 필수다. 이게 바로 사회학자 막스 베버가 말한 '사회적 봉쇄'다.

한 뼘의 스포트라이트에 들어가기 위해 사생결단 쟁투를 벌이는 '소용돌이 사회'는 불평등의 악화와 더불어 절대다수에게 좌절과 모멸감을 강제한다. 이제까지 제대로 셈해지지 못했지만 그런 것이 실은 전부 사회적 비용이다. 지금 필요한 건 스포트라이트가 아닌 '스프레드 라이트 spread light'다. 조금 약한 빛이어도 좋으니 더 골고루, 더 넓게 비추어야 한다. 그게 더 나은 사회다.

수치를 쓴다는 것

2021-05-27

소수의 탁월한 자기 서사는 대개 자기기술지autoethnography에 가까워진다. 그것은 치열한 자기 분석이다. 그리고 "모든 자기 분석은 일종의 수치전 honto-biographie"이다. 수치를 쓰는 일은 심리학적 개인으로서 콤플렉스를 늘어놓는 게 아니라 자기 분석이 곧 사회 분석임을 증명하는 작업이다. 이는 용기와 지성을 모두 요구한다.

올해 읽은 책 중 가장 좋았던 건 디디에 에리봉의 《랭스로 되돌아가다》였다. 에리봉은 미셸 푸코의 평전인 《미셸 푸코》로 잘 알려진 프랑스 사회학자이자 비평가다. 동성애 의제에 활발히 개입하는 게이 지식인이기도 하다. 이 책은 사회학 거장 피에르 부르디외의 사유가 짙게 배어 있긴 하지만, 학술적 형식과 거리가 멀다. 오히려 이래도 되나 싶을 정도로 사소한 이야기다. 그러나 다 읽고 나면 '이렇게도 쓸 수 있구나' 감탄하게 된다. 무엇보다 큰 장점은 '나도 쓰고 싶다'는 생각이 든다는 것이다.

랭스는 에리봉의 고향으로, 가난한 노동자들이 모여 사는 도시다. 그의 가족은 전형적인 프랑스 노동계급이다. 에리봉은 가족들이 학교와 교육을 어떻게 생각하는지에 대해 이렇게 떠올린다. "나는 의무교육 연령이 16세까지로 연장되었을 때 가족이 얼마나 분개했는지 기억한다. 뭣하러 애들이 좋아하지도 않는 공부를 억지로 계속하게 만드는 거야? 애들은 오히려 일을 하고 싶어 한다고."(54쪽) 이런 분위기 속에서, 명석하고 예민했던 한 소년이 자신의 지적 욕망과 성장 환경 사이에 놓인 괴리를 날카롭게 인식하지 않을 순 없었을 테다. 게이를 향한 노동자들의 일상적 비하와 멸시는 그를 더 아프고 서럽게 했다. 모든 고통의 중심에는 강렬한 수치심이 있었다. 에리봉은 하루빨리 랭스를 벗어나고 싶었고 그러기 위해서는 파리로, 대학으로 가야 했다. 그리고 실제로 그는 탈출하는 데 성공했고 파리 지식인 세계의 일원이 되었다.

여기까지는 흔한 출세담이다. 성공한 사람들이 떠나온 고향을 잊거나 지우는 일은 드물지 않다. 또 그들이 고향에 다시 찾아와 자신이 어떻게 역경을 헤치고 이 자리에 섰는지를 회고하는 일은 그보다 더 흔하다. 힘들었던 과거는 납작하게 짜부라져 단지 성공을 설명하는 수단이 된다. 에리봉은 다른 길을 택한다. 그는 늘 자신을 괴롭혀온 불편한 감정들을 정직하게 마주한다. 그는 뿔뿔이 흩어진 가족들을 인터뷰하고 고요히 가라앉은 감정과 기억들을 다시 들쑤셔올린다.

　이 과정에서 에리봉은 자신의 수치심이 특수하고 고유하며 개인적인 감정이 아니라, 지극히 사회적인 감정이자 권력 게임의 일부임을 내보인다. 노동자 부모의 행동을 부끄러워하고, 가족들의 생활 방식을 무가치하다고 생각하고, 돈과 권력을 가진 사람들의 말투를 모방하는 것, 곧 사회적 우열과 위계를 당연하게 받아들이는 것. 이런 것들이 바로 부르디외가 말한 '상징폭력'이다. 지배집단의 욕망과 의식을 내면화함으로써 피지배자는 적극적으로 체제의 질서에 예속된다. 하지만 에리봉은 자신에게 가해진 상징폭력을 파헤치면서도 섣불리 노동계급의 신화로 회귀하지 않는다. 그는 지배계급을 비난하고 노동계급의 편을 드는 대신 한때 좌파였던 가족들이 오늘날 마린 르펜 같은 극우 정치인을 지지하는 현실을 담담히 보여준다.

　자기 서사는 대부분 실패한다. 내밀한 사생활을 파먹으며 인기를 끄는 작가들은 많지만 에피소드는 금방 말라붙기 마련이다. 나중에는 사건과 감정을 신비화하거나 심지어 발명하는 지경에 이른다. 이런 개인의 특권화는 자서전autobiography식 글쓰기의 한계다. 반면 소수의 탁월한 자기 서사는 대개 자기기술지 autoethnography에 가깝다. 그것은 치열한 자기 분석이다. 그리고 "모든 자기 분석은 일종의 수치전hon-to-biographie"이다.

수치를 쓰는 일은 심리학적 개인으로서 콤플렉스를 늘어놓는 게 아니라 자기 분석이 곧 사회 분석임을 증명하는 작업이다. 이는 용기와 지성을 모두 요구한다. 그러고 보니 한국어로 쓰인 곡진한 자기기술지가 있다. 김원영의 《실격당한 자들을 위한 변론》이다. 저자는 에리봉보다 더욱 구체적인 언어로, 이를테면 '오줌권'이라는 말을 통해서 장애인이 일상에서 겪는 억압이 사회구조 문제임을 논증한다. 냉소하고, 절망하고, 자기혐오에 빠지기도 하지만 놀랍게도 김원영은 끝내 '나'라는 개인을 특권화하거나 신비화하지 않았다.

당신의 수치들이 당신이 누구인지 알려준다. 너무 치명적인 것 말고, 자잘한 것부터 시작해보자. 나의 수치스러웠던 기억 중 하나는 지금껏 만난 연인들이 모두 표준어 구사자였음을 깨달은 순간이었다. 왜 나는 부산에 살던 어린 시절부터 그렇게 서울말 쓰는 여성만을 좋아했을까? 구체적 분석은 다음을 기약한다.

망치에서 핀셋으로

2021-04-29

86세대의 특징은, 단순히 성인지 감수성이 낮다기보다 정치적 진영에 따라 감수성이 선택적으로 높아지거나 낮아진다는 점이다. 이들은 도덕적 우월감까지 강해서 더욱 위험하다. 조직 내 성폭력 사건 처리에서 리더가 누구인지가 결정적 영향을 끼친다는 점을 고려하면, 가히 '86 리스크'라 해도 과언이 아니다.

어느 사회건 '내부의 적'을 설정해 갈등을 설명하고 피지배 집단의 분열을 조장하는 사이비 갈등 담론이 있다. 한국에서 그것은 오랫동안 이념 갈등과 지역 갈등이라는 말로 호도되어온 매카시즘 McCathyism('빨갱이' 혐오)과 호남 혐오였다. 냉전이 끝나고 군부독재의 그림자가 옅어지자 매카시즘과 호남 혐오는 '약발'이 떨어졌고 그 자리를 세대 갈등과 젠더 갈등이 대체하는 중이다. 물론 이 갈등 역시 실제 적대와 혐오를 은폐한 것임은 말할 것도 없다.

사회학자 이철승은 《불평등의 세대》에서 한국의 불평등

을 만들어낸 원흉이자 위기 요소로 한국형 위계구조를 꼽고 그 중심에 86세대와 연공급제가 있다고 주장한다. 연공급제는 쉽게 말해 연차(나이)에 따른 임금 지급 시스템이다. 2007년 출간된 《88만원 세대》가 주로 '피해 집단', 20대 알바·비정규직의 열악한 상황에 초점을 맞춘 것과 달리, 이철승은 '수혜 집단'에 집중하며 분석의 밀도 또한 상당히 높다. 그는 대기업 임원 비율, 국회의원 비율 등등의 다양한 근거를 들어 86세대 상층이 다른 세대에 비해 권력과 자원을 과도하게 차지하고 있음을 보이면서 이런 특정 세대의 권력 독점이 한국 사회 불평등의 주요인이라고 주장한다.

86세대 정치 엘리트의 내로남불 행태와 독선에 질릴 대로 질린 사람들에게, 그들 세대가 왜 '암흑의 핵심'인지 일목요연하게 보여주는 주장은 '사이다'가 아닐 수 없다. 나도 심정으로는 백번 공감한다. '인간해방' '사회변혁'을 입에 달고 살던 저들이 일상에서 보이는 탐욕과 위선에 헛구역질한 적, 한두 번이 아니다. 하지만 개인의 경험과 직관이 곧 사실이나 진실을 의미하지는 않는다.

이철승은 이 책에서 "86세대가 기득권의 성벽을 쌓았다"고 비판한다. 그 근거로 지금 20대가 대학졸업장이라는 '상층에 진입할 자격'을 가지고 있음에도 86세대 대학 졸업자만큼 소득 상층에 올라가지 못했다는 통계를 제시한다. 과연 그의 주장은 타당할까? 1980년대 대학진학률은 약 20~30퍼센트대였다. 반면 2000년대 중반 이후 대학진학률은 80퍼센트를 훌쩍 넘는다. 열 명 중 두세 명만 대학 가던 시절에 비해, 열 명 중 여덟 명이 대학 가는 시대에 대학졸업장의 가치(희소성)는 대폭 하락할 수밖에 없다. 당연히 대학졸업장을 가진 20대는 대학졸업장을 가진 86세대보다 상층부 진입이 훨씬 어려워질 것이다. 즉, 이철승이 근거로 제시하는 대졸자의 세대별 상층 진입률은 86세대의 '기득권 성벽 쌓기'를 증명하는 근거가 될 수 없다.

학계에서 나온 반박도 있다. 김창환·김태호의 2020년 연구에 따르면, 1999년부터 2019년 동안 세대 간 불평등의 주된 요인은 86세대가 아니라 저학력 노인층의 증가 때문이다. 86세대의 소득은 이 기간에 상대적으로 다른 세대보다 더 빠르게 증가했지만 이들의 소득 증가는 소득 상층에서가 아니라 소득 하층에서 일어났다.[25]

86세대 최상층의 권력 과점은 어느 정도 사실이다. 하지만 한국 사회 불평등의 주원인이 86세대의 탐욕이나 독점에 있다고 보기는 어렵다. 지면의 한계로 본격적으로 논의하기는 어렵지만 불평등의 주원인이 연공급제라 단언하기도 어렵다. 무엇보다 대기업의 전횡과 정부의 정책 실패를 제쳐두고 노동자 내부 격차만으로 사회 불평등을 설명하는 것은 과학적이지도 윤리적이지도 않다.

사실 86세대, 특히 그 세대 엘리트 그룹은 경제적 불평등보다 젠더 의제에서 부각되어야 할 집단이다. 안희정 도지사 성폭력 사건과 박원순 시장 성추행 사건을 통해 공히 드러난 사실은 86세대의 지독히 낮은 성인지 감수성이었다. 페미니스트로 알려진 여성 정치인들까지 가해자 편에 적극 가담함으로써 거기서 예외가 아님이 밝혀졌다. 86세대의 특징은, 단순히 성인지 감수성이 낮다기보다 정치적 진영에 따라 감수성이 선택적으로 높아지거나 낮아진다는 점이다. 이들은 도덕적 우월감까지 강해서 더욱 위험하다. 조직 내 성폭력 사건 처리에서 리더가 누구인지가 결정적 영향을 끼친다는 점을 고려하면, 가히 '86 리스크'라 해도 과언이 아니다. 다만 강조하건대 이는 86세대 전체의 문제가 아니라 극소수 엘리트와 권력 집중형 조직의 문제다. 지금 필요한 건 다 때려잡는 망치가 아니라 하나씩 정확히 뽑아낼 핀셋이다.

국뽕의 함정

2021-01-28

국뽕 담론은 우월감과 열등감을 자극해 끝없는 논란을 일으키면서도 정작 중요한 질문은 은폐한다. 너무나 당연하게 전제된 '우리'는 과연 그만큼 동질적인 집단인가? 손흥민과 BTS는 언제나 '우리'에 포함되겠지만 따지고 보면 당신은 우연히 같은 나라에 태어났을 뿐이다.

자아도취적인 자국 찬양, 즉 '국뽕'이 거대한 유행이자 비즈니스 모델이 된 지 오래다. 최근에는 그런 국뽕을 비판하는 '반국뽕' 콘텐츠가 언론의 주목을 받았다. "두 유 노 손흥민?" "두 유 노 BTS?" 등등의 질문을 끝없이 반복하는 한국인을 풍자하는 '두 유 노 유니버스' 시리즈가 한국 사람들 사이에서도 인기를 끈 것은, 국뽕에 대한 대중의 피로감을 잘 보여준다. 하지만 그걸로 끝난 게 아니다. '정국뽕'과 '반국뽕' 이후 마침내 등장한 것은 '합국뽕'이었다. 지나친 국뽕은 나쁘지만 그렇다고 지나친 자국 폄하도 나쁘다는 식이다. 그러면서 대한민국의 성취를 객관적으로 평가하고 긍정하자고 역설한다. 공론장에서 펼쳐지는 '국뽕의 정·반·합'을 구경하는 내내 이런 의문에 사로잡혔다. '아니, 그래서 어쩌라고.'

물론 유튜브 등에서 유통되는 국뽕 콘텐츠는 우스꽝스럽다. 논평할 의욕이 생기지 않는 허접한 수준이다. 굳이 비교하자면 정국뽕보다는 반국뽕이나 합국뽕 콘텐츠가 더 그럴싸하다. 그나마 말이 되는 소리를 한다. 하지만 그게 어쨌단 말인가. 국뽕에 취하든, 그것을 조롱하든, 균형을 잡든 어차피 이 모두가 '국뽕 코인'의 일종일 뿐이다. 언젠가 철학자 슬라보예 지젝은 이렇게 말한 적이 있다. "'유태인은 탐욕스럽다'는 말에 대해 '모든 유태인이 다 그런 것은 아니다'라고 답하면 안 된다. 그 말에 대한 올바른 답은 '유태인은 그것과 무관하다'이다." 개인의 특성은 그의 국적으로 환원될 수 없고 그 역도 마찬가지다.

국뽕이 끝없이 소환되는 이유는 뭘까? 표면적인 이유는 단순하다. 국뽕 콘텐츠가 대중의 관심을 끌고 그 관심은 돈을 만들어내기 때문이다. 그럼 왜 사람들은 애초에 관심을 가지게 됐을까? 다시 이렇게 바꿔 질문할 수도 있다. 왜 사람들은 여러 가지 정체성 중 특별히 국가(민족) 정체성에 과하게 몰입하는가? 몇몇 학자들은 애국심이라는 오래되고 강렬한 감정을 인간이 오랫동안 집단생활을 하며 진화하는 과정에서 형성된 습성이라고 설명한다. 내집단의 정당함을 확신하고 외집단을 배척하는 태도가 개체의 생존에 유리하게 작용했을 수 있다는 것이다. 부족 간 살육이 빈번하던 시대의 행동양식을 오늘의 현실에 그대로 적용하는 게 타당한지는 잘 모르겠다. 하지만 문명의 역사는 인류 역사에 비하면 극히 짧은 것도 사실이다. 어쩌면 우리는 국뽕이란 형태로 부족 시대를 답습하고 있는지도 모른다.

한편, 국뽕 담론에서 인류학적 기원 이상으로 고민해봐야 할 문제는 그것이 향유자에게 제공하는 효능감과 사회적 효과다. 사람들이 자기도 모르게 '(○○사건에 대한) 일본 현지 반응'을 클릭하는 이유는 무엇인가? 그것이 마치 정맥 주사를 놓은 것처럼 즉각적인 우월감을 주기 때문이다. 물론 때로 국뽕 콘텐츠는 열패감 내지 열등감을 주기도 하는데, 그것은 미래에 올 '진정한 우월감'을 위한 준비단계로서 유의미한 것이다. 이 때문에 정국뽕 중독자는 반국뽕이나 합국뽕 또한 열심히 소비한다. 그들에겐 이 모든 것이 쾌락 생산 장치다.

국뽕 담론은 우월감과 열등감을 자극해 끝없는 논란을 일으키면서도 정작 중요한 질문은 은폐한다. 너무나 당연하게 전제된 '우리'는 과연 그만큼 동질적인 집단인가? 손흥민과 BTS는 언제나 '우리'에 포함되겠지만 따지고 보면 당신은 우연히 같은 나라에 태어났을 뿐이다. 더구나 손흥민과 BTS의 성공에 미친 기여도로 따져도 미국이나 말레이시아의 열성팬들이 당신보다 훨씬 도움을 줬을 공산이 크다. 그런데 왜 당신이 그들의 성공을 자랑스러워하는가? 혹은 이렇게 바꿔 물을 수도 있다. 당신이 태어나기 전 완료됐거나 개입하지 못한 사건들, 예컨대 경술국치, 3·1운동, 고도경제성장, 민주화 등에 대해 당신이 왜 부끄러워하거나 자랑스러워해야 하는가?

미디어는 국뽕을 통해 우리를 공감의 공동체로 재현하지만 현실에서 우리는 각자도생의 지옥에서 발버둥 치는 개별자로 고립되어 있다. 국뽕 담론은 하나됨을 말하지만 그 본질은 위계서열의 논리이며 우승열패의 서사다. 그래서 실제로는 내부의 식민지를 끝없이 만들어낸다. "나는 자신을 누구와, 어떤 집단과 동일시하고 있는가?" 이 질문을 놓는 순간 우리는 언제든 국뽕의 함정에 빠질 수 있다.

시민 미만의 존재

2021-01-07

노동자도 시민이고 같은 인간이다. 그럼에도 현실에서는 그렇게 대우받지 못한다. 아파트 경비원은 입주민의 폭력에 시달리거나 "공부 안 하면 저렇게 된다"는 말을 듣는다. 환경미화원은 변기 옆에서 밥을 먹고 이주노동자는 영하 18도 비닐하우스에서 죽어간다. 그렇다. 여기서 말하는 노동자는 육체노동자, 서비스 노동자, 비정규·불안정 노동자다.

《경향신문》이 새해 벽두 훌륭한 기획기사를 썼다. '2020년 산업안전보건법 위반 1심 판결 전수조사'다. 2020년 판결문에 나타난 산재 사망자는 총 185명이고, 176번의 사고로 176명이 죽었다. 법원이 185명의 산재 사망사고에 부과한 벌금은 총 16억8백만 원, 사망자 1인당 869만 원이다. 도급액 2천억 원 규모 건설현장인 경우, 노동자가 산재로 죽으면 시공사와 현장소장에게 각각 5백만 원 정도의 벌금이 부과된다고 한다. 사람 목숨값은 도급액의 2천분의 1에도 못 미친다. 기업이라고 해서 사고가 나길 바라진 않을 것이다.

그러나 목숨값이 저 정도로 싸면 기업은 사람 죽는 일을 무서워하지 않게 된다. 이윤추구라는 목적을 위해서는 산재를 이대로 방치하는 것이 '합리적 선택'이 된다.

판결들은 비슷했다. 미미한 벌금과 가뿐한 처벌의 연속이다. 형량 1년 이상인 경우는 불과 20건, 그마저 대부분 집행유예. 그런데 특이 사례 하나가 눈에 띈다. 산업안전보건법상 최고 형량인 징역 3년이 선고된 사건이다. 2019년 철거작업 중이던 서울 잠원동 건물 외벽이 무너져 한 명이 죽고 다섯 명이 부상당했다. 이 사고로 철거업체 현장소장에게 법정 최고형인 3년 형이 선고됐다. 기사는 이것이 "매우 이례적인" 경우라고 적었다. 실제로 이 판결 하나만 빼면 형량이 2년 이상인 경우도 거의 없다. 왜 이 사건만 달랐을까? 정답은 사망자의 '신분'이다. 3년 형이 내려진 사건의 사망자는 길을 지나던 시민이었다. 나머지 대부분 사건의 사망자는 현장 노동자였다. 노동자가 죽은 사건에선 책임자가 구속된 경우조차 드물다.

이 차이를 설명할 논리가 없진 않다. 건설현장 같은 곳은 일상적 생활공간보다 위험한 게 사실이다. 일하는 사람 또한 주의 의무를 가진다. 하지만 충분한 생명수당을 별도로 지급하지 않는 일이라면, 노동자가 노동현장에서 감수해야 할 위험은 생활공간의 위험과 비교해 특별히 과도해선 안 될 것이다. 위험성이 크다면 그에 비례해 안전장치 또한 더 갖추어져야 하며, 그 책임은 고위험 노동의 결과물로 가장 큰 이익을 보는 쪽에 돌려져야 합당하다. 지금처럼 기업에 어떤 압박도 줄 수 없는 벌금과 처벌은 결과적으로 주의 의무와 사고 책임을 피해자에게 모두 전가하는 것이나 다름없다.

노동자도 시민이고 같은 인간이다. 그럼에도 현실에서는 그렇게 대우받지 못한다. 아파트 경비원은 입주민의 폭력에 시달리거나 "공부 안 하면 저렇게 된다"는 말을 듣는다. 환경미화원은 변기 옆에서 밥을 먹고 이주노동자는 영하 18도 비닐하우스에서 죽어간다. 그렇다. 여기서 말하는 노동자는 육체노동자, 서비스 노동자, 비정규·불안정 노동자다. 물론 한 손에 커피를 들고 ID카드를 목에 건 채 초고층 빌딩을 오가는 정규직 화이트칼라 노동자들도 노동자임은 분명하다. 심지어 이들은 훨씬 더 '공인된 노동자'인데, 왜냐하면 정규직 노동자일수록 노동조합원일 확률이 압도적으로 높기 때문이다.

그런데 노동자의 권리를 가장 잘 보장받는 이런 사람들에게 "당신도 노동자 아니냐"고 하면 표정이 일그러지기 일쑤다. 수년 전 어느 진보정당 당원들이 당명 제정을 앞두고 "'노동'이란 단어로 통합에 재 뿌리지 말라"고 적은 카드를 내건 사건은 한국 사회에서 '노동'과 '노동자'라는 말이 어떻게 통용되는지 적나라하게 보여줬다. 정규직 노동자의 잘못이라기보다 사회의 실패다. 대한민국의 법, 관행, 교육, 문화 모든 것이 노동자를 '시민 미만의 존재'로 만들어온 탓이다.

  2021년 1월 초, 기존 산업안전보건법을 보완해줄 거라 기대됐던 중대재해기업처벌법은 더불어민주당과 국민의힘에 의해 철저히 무력화됐다. 이 과정을 지켜보며 행복한 오멜라스 시민들을 떠올렸다. 어슐러 르 귄의 소설 〈오멜라스를 떠나는 사람들〉에 나온 도시 오멜라스는 한 아이가 끔찍한 고통을 겪는 대가로 풍요와 번영을 누리는 곳이다. 도시의 비밀을 알고 그 부조리를 견디지 못한 사람들은 하나둘 오멜라스를 떠나지만, 나머지 대다수는 진실을 알면서도 오멜라스의 안온한 삶을 만끽한다. '다수의 행복을 위한 소수의 고통은 감수할 만하다'는 것이겠다. 그러나 한 사회의 진면목은 가장 행복한 존재가 아니라 가장 고통받는 존재를 통해 드러난다. 당신은 떠나는 쪽인가, 남는 쪽인가? 나는 바꾸는 쪽을 택하겠다. 싸움은 아직 끝나지 않았다.

부족의 언어, 공감의 언어

2020-10-15

'부족의 언어'는 우리 편의 절대적 정당성과 선의를 전제한다. 그래서 내로남불 행태와 일방적 편들기로 귀결하곤 한다. 사태의 다양한 측면을 비판적으로 들여다볼수록 대상과의 동일시-일체감에서 오는 쾌락은 급격히 줄어든다. 효능감을 극대화하는 건 '철저한 무지'도 '치열한 앎'도 아닌, '선택적 무지'다. "가르치려 들지 마. 내가 편들고 싶으니 편드는 거야."

'부족tribe의 시대'라고 한다. 이제 사람들은 국가, 민족, 정당이 아니라 각자의 부족 속에서 소속감을 확인하고, 부족의 영광을 위해 기꺼이 시간과 열정을 바친다. 예일대 로스쿨 교수이자 작가 에이미 추아는 《정치적 부족주의》에서, 미국이 부족주의에 무지했던 탓에 외교적·정치적 실패를 거듭하며 위기에 처했다고 주장한다. 이런 '부족 본능'을 잘 이용해 권력을 잡은 대표적 인물이 도널드 트럼프 미국 대통령이다. 초지일관 미국중심주의적 시각을 고수하는 이 책의 결론은 단순하다. 미국의 건국신화, 즉 인종·종교가 아닌 공동선을 추구하는 미국으로 돌아가야 한다는 것이다.

사회학자 미셸 마페졸리는 30여 년 전 《부족의 시대》에서, 현대사회가 부족의 시대로 돌아가는 중이라 진단했다. 근대가 '민족'의 시대이자 '개인'의 시대였다면, 포스트모던 사회는 다양한 관심사에 따라 불규칙적으로 재편되는 소집단, 즉 새로운 부족들의 사회가 되었다는 것이다. 에이미 추아와 달리 미셸 마페졸리는 부족주의를 인간의 본성과 활력을 회복하는 계기로 긍정한다. "지나치게 합리화된 우리 사회, 그렇기에 살균된 사회, 필사적으로 모든 위험을 막아내려는 사회, 바로 그러한 사회 속으로 야만스러운 것이 되돌아온다. 바로 그것이 부족주의의 의미다."

미디어 연구자로서 퍼뜩 든 느낌은, 부족주의라는 말이 한국의 공론장에 '지나치게' 잘 들어맞는다는 것이다. 정치인의 말부터 그렇다. 이들은 유권자 또는 전체 시민을 대상으로 발언한다기보다 지지자를 향해 메시지를 던진다. 이에 대해 기자나 논평가가 저널리즘의 전통적 기능, 즉 비판을 하면 순식간에 '좌표'가 찍힌다. '기레기' '기더기' 같은 모욕은 기본이고 여성 기자일 경우 끔찍한 언어 성폭력이 가해진다. 한편, 낯 뜨거운 칭송과 무조건적 격려에는 '참언론' '참기자'의 월계관이 수여된다.

'부족의 언어'는 우리 편의 절대적 정당성과 선의를 전제한다. 그래서 내로남불 행태와 일방적 편들기로 귀결하곤 한다. 이정현 전 새누리당 대표는 한나라당 부대변인이던

2005년, 농민 시위에 참석했다가 사망한 전용철·홍덕표 씨에 대해 "진압 과정에 문제가 있었다면 대통령은 즉각 사과하고 충분한 보상이 있어야 한다"고 강력히 규탄했다. 하지만 박근혜 정권 시기인 2016년 사망한 농민 백남기 씨에 대해선 입을 꾹 다물었다. 민주당이나 지지자들도 그리 다르지 않다. 문재인 정권의 '어용 지식인'을 자임한 유시민을 비판한 기사에 달린 베스트 댓글은 다음과 같았다. "사람이 틀릴 수도 있는 거지. 하지만 우린 유시민을 믿고 지지한다. 왜냐면 유시민은 틀릴 수는 있지만 절대 속이지는 않는다는 걸 우리는 아니까."[26]

부족 시대의 원시인에게도 정당성에 대한 최소한의 감각은 있었지만 진리로서 숙고되지는 못했다. 진리를 향한 열정은 도시국가에서 또렷해지다가 계몽주의 시대에 폭발하기 시작했다. 그런데 '계몽 이후'인 21세기에, 왜 부족주의가 돌아오고 있는가? 대중이 원시인처럼 무지해서일 리는 없다. 전문가들이 대중을 좇기 바쁜, 이른바 '대중 지성의 시대' 아닌가.

결론부터 말하면, 사람들은 알지 못하는 게 아니라 알 수 있음에도 알려 하지 않는 것이다. 사태의 다양한 측면을 비판적으로 들여다볼수록 대상과의 동일시-일체감에서 오는 쾌락은 급격히 줄어든다. 효능감을 극대화하는 건 '철저한 무지'도 '치열한 앎'도 아닌, '선택적 무지'다. "가르치려 들지 마. 내가 편들고 싶으니 편드는 거야." 대중만이 아니라 일부 지식인까지 이 경향에 적극적으로 동참하면서, 이제 '옳고 그름'은 '좋고 싫음'으로 대체된다. 예술사회학자 이라영은 이 멘탈리티를 "나는 알기 싫다, 고로 혐오한다"라는 문장으로 간명히 요약한 바 있다.

마페졸리가 말했듯 부족주의가 꼭 나쁜 것만은 아니다. 한편으로 그것은 연민과 사랑의 원천이 되어 차가운 공리주의, 효율지상주의적 사고를 극복하는 계기가 될 수도 있다. 애당초 부족주의는 국가의 시대(내셔널리즘)와 시장의 시대(글로벌리즘)에 대한 환멸과 피로가 만들어낸 반작용이기도 하다. 부족의 언어가 단지 반지성주의로 귀결할지, 아니면 정의로운 연대와 새로운 통합을 요청하는 '공감의 언어'로 전화할지는 우리의 성찰에 달렸다.

메시지와 메신저

2020-09-10

> 사회문제에서 옳고 그름은 형식논리라는 진공 상태에서만 판단될 수 없다. 메시지는 언제나 맥락 의존적이며 맥락의 결정적 요소는 권력관계다. 같은 이야기라도 누가 하느냐에 따라 의미는 전혀 달라진다.

지난 7월 7일 미국 《하퍼스 매거진》에 편지 하나가 실렸다. '정의와 열린 토론에 관한 편지A Letter on Justice and Open Debate'라는 제목의 이 글에 153명의 저명한 작가와 지식인이 서명했다. 편지는 최근의 '말소 문화Cancel Culture'에 문제를 제기하고, 표현의 자유를 옹호하는 내용을 담고 있었다. 말소 문화란 자신과 다른 의견을 과도하게 배척하거나 묵살하는 풍조로, 종종 '정치적 올바름 문화Political Correctness Culture'와 비슷한 의미로 사용된다.

이 편지를 소개한 국내 신문 기사를 읽으면서 '그래, 이런 얘기 나올 만도 하지'라고 생각했다. 꼬투리 하나 잡으면 사람을 완전히 매장할 기세로 물어뜯는 문화가 한국 트위터나 페이스북에도 만연해 있다. 나는 유명한 작가는 아니지만 10년 넘게 소셜미디어에서 활동하며 부모 욕을 포함한 온갖 패륜적 모욕과 조롱을 받아왔다. 협박, 욕설, 외모 비하 정도는 그냥 일상이었다. 그들은 자신이 정의롭다는 확신에 차 있기에 린치를 가하면서도 일말의 죄의식조차 없었다.

그런데 뉘앙스가 아무래도 이상했다. 무엇보다 노엄 촘스키, 말콤 글래드웰 등과 함께 언급된 서명자가 《해리 포터》의 작가 조앤 롤링이란 점이 못내 걸렸다. 롤링은 최근 성소수자 차별적 발언으로 뉴스에 자주 오르내렸다. 검색해보니 예감이 틀리지 않았다. 누구나 수긍할 법한 온건한 메시지를 담은 그 글은 미국에서 엄청난 논란을 일으키고 있었다.

편지가 나오게 된 직접적 계기는, 《뉴욕 타임스》 사설 담당 편집장이 '인종차별 항의 시위에 군대를 투입해야 한다'고 주장한 톰 코튼 상원의원의 글을 실었다가 거센 항의를 받고 사임한 사건이었다. 이에 문제의식을 느낀 작가 토머스 채터턴 윌리엄스는 주변 지식인들과 함께 행동에 나섰고, 마침내 저명한 지식인 153명이 서명한 편지가 나오게 된다. 그러나 발표되자마자 '메시지'보다 '메신저'에 관심이 집중됐다. 서명 참여자 대부분이 부유한 백인 지식인들이라는 지적이었다. 요컨대 그 편지는 최근 미국 사회를 뒤흔들고 있는 '흑인의 목숨도 소중하다 Black Lives Matter' 시위에 대한 백인 지식인의 '백래시backlash' 아니냐는 것이다.

이런 비판에 맞서는 '편지 측'의 알리바이는, 최초 주창자인 윌리엄스가 흑인이라는 사실이었다. 그런데 윌리엄스는 편지의 초기 제안자들 중 유일한 흑인이면서 동시에 자신의 '흑인성'을 버리겠다는 책을 쓴 흑인이다. 흑인성을 포기한 그를 빼면 초기 제안자 전원이 백인 남성이었다.

최종 서명자 명단에는 전설적인 페미니스트 글로리아 스타이넘도 이름을 올렸다. 힐러리 클린턴 지지자인 그는 지난 대선 때 "젊은 여성들이 버니 샌더스를 지지하는 건 젊은 남성이 샌더스 쪽에 많기 때문"이라는 취지의 발언으로 많은 이들의 분노를 촉발한 바 있다. 세계적 심리학자 스티븐 핑커도 서명했다. 그는 "과학계의 성별 격차는 차별보다 생물학적 차이에 기인한다" "경찰이 흑인을 편중되게 죽이지는 않는다" "경찰 총격 사건에서 인종에 초점을 맞추는 건 도움이 안 된다" 등의 발언으로 비판받아온 인물이다. 참여자들이 알려지면서 문제가 되자 트랜스젠더 인권운동가 제니퍼 피니 보일란은 "다른 서명자들이 누군지 몰랐다"며 서명을 철회하기도 했다.

"메시지를 반박할 수 없으면 메신저를 공격하라"는 말이 있다. 상대 주장을 깎아내리는 고전적 수법이다. 기초논리학 수업에 항상 등장하는 논리적 오류이기도 하다. 편지 논란도 그런 사례로 봐야 할까? 즉 '말소 문화' 찬동자들이 합리적 비판을 틀어막기 위해 인신공격을 가한 사건일까?

문제는 그리 단순하지 않다. 사회문제에서 옳고 그름은 형식논리라는 진공 상태에서만 판단될 수 없다. 메시지는 언제나 맥락 의존적이며 맥락의 결정적 요소는 권력관계다. 같은 이야기라도 누가 하느냐에 따라 의미는 전혀 달라진다. 말소 문화에 대한 문제 제기 자체는 수용할 만하다. 하지만 "말소 문화가 표현의 자유를 해친다"고 주장하는 사람이 평소 소수자 차별적 발언을 일삼던 사람이라면, '맞는 말'을 해도 비판받는 게 당연하다.

소수자·약자가 고통을 호소할 때, 우리는 가능한 한 그 말을 과대평가할 필요가 있다. 이 집단의 발언은 구조적으로 억압되기 때문에 작은 비명조차도 차별과 억압이라는 거대한 빙산의 일각일 가능성이 높다. 반면 발언 주체가 기득권층, 강자일 때 우리는 그 말을 가능한 한 과소평가해야 한다. 특권에 익숙한 사람일수록 평등을 고통으로 느끼기 쉽기 때문이다.

미안합니다, 오취리 씨

2020-08-13

"가나에서나 어깨 우쭐할 것이지 어디 한국에서 가르치려고 들어"라는 말. 이 말은 'K-인종주의'의 본질을 투명하게 보여준다. 선진국 출신 백인을 떠받들고 심지어 특혜까지 주면서, 후진국 출신이나 유색인종을 깔보고 차별하는 경향이 특히 한국에서 유독 강했다.

공적 지면에 실린 글 중 질색하는 형식이 세 가지 있다. (공자, 플라톤 혹은 어떤 현자와의) '가상 대화', ('몇 년 후 대한민국'류의) '예언', (주로 서울대 출신 아재가 동문에게 보내는) '편지'다. 잘 쓴 글을 본 적이 한 번도 없었다. 처음에 샘 오취리 씨에게 편지를 쓰다가 결국 지웠다. 그에게 건네야 할 말이 그저 한마디임을 깨달았기 때문이다. "오취리 씨, 당신이 사과할 일이 결코 아닙니다. 정말 미안합니다." 나머지 이야기는 오취리 씨가 아니라 잘못된 한국 사회를 향해야 한다.

의정부고 학생들이 저지른 짓, 그러니까 웃겨보겠답시고

얼굴을 까맣게 분장한 그 짓은 명백한 인종차별 행위다. 코미디언 장두석·이봉원의 1980년대 코미디 '시커먼스'는 인종차별이었고 코미디언 홍현희의 2017년 흑인 분장도 인종차별이었다. 그 짓은 30년 전에도 인종차별이었고 지금도 인종차별이며 미래에도 인종차별일 것이다. 이건 몇 안 되는 인류적 합의에 속한다. 즉, 당신이 납득하건 말건 인종차별이다. 오취리 씨의 과거 인종차별 의혹을 거론하는 사람도 있었다. 의정부고 학생들이 오취리 씨의 과거 행동을 특정해 '미러링'한 게 아닌 이상, 논리적으로나 실질적으로나 별개 사안이다. 피해자의 전력이 가해를 정당화할 순 없다.

인종차별에 세트 메뉴처럼 따라붙는 옹호 논리가 있다. "비하하려는 의도가 결코 아니었다." 아마 사실일 테지만 의도가 없더라도 인종차별임은 변함없다. "딸 같아서 만졌다" "다른 의도는 없었다"는 아저씨의 터치가 성폭력인 것처럼, 의도 없이도 얼마든지 폭력은 성립한다. 이를 의도와 무관한 잘못이라 오해하면 곤란하다. 엄밀히 말하면 인종차별 역시 의도에 따라 구분된다. 의도가 없어도 인종차별이고, 의도까지 있다면 더 질이 나쁜 것이다. 법에서도 고의와 과실을 구별한다. 고의로 저지른 악행은 당연히 범죄다. 그러나 과실에 의한 악행이라고 해서 곧장 무죄가 되는 것은 아니다. 고의 범죄보다 형량이 좀 깎일 뿐이다. 게다가 과실이 반복되면 그건 더 이상 과실로 인정받지 못한다. '시커먼스'의 시대였다면 정상참작의 여지라도 있겠지만 지금은

2020년이다. 한국인은 같은 잘못을 수없이 반복하고 있다. 이건 더 이상 실수 따위가 아니다. 노인부터 청소년까지, 대다수 한국인이 공유하는 국민적 습속이다.

가장 악질적인 인종차별은 오취리 씨의 지적에 맞서 의정부고 학생들을 옹호하고 나선 이들에 의해 쏟아져나왔다. 오취리 씨 개인, 그리고 흑인을 향한 적나라한 혐오표현들은 차마 적지 못하겠다. 다만 어느 시민의 발언 하나를 기록해 두기로 한다. (소셜미디어에서 엄청나게 많은 '좋아요'를 받은 글이다.)

다른 나라 가면 공장에서 돈이나 벌랑가 모르지만 한국에서 좀 뜨게 해주니까 자기 본분도 모르고 관심받는다고 우쭐해져서 어디서 선생질을 하려고 들어. 가나에서나 어깨 우쭐할 것이지 어디 한국에서 가르치려고 들어.

그렇다. 이건 단지 흑인차별이나 제노포비아(외국인 혐오)에 국한되지 않는다. 이것은 오래전 박노자가 개념화한, 'GNP 인종주의'다. 최근 'GDP 인종주의'라고도 바꿔 부르는 이 인종주의는, 소위 선진국 출신이냐 후진국 출신이냐에 따라 철저하게 위계서열을 만들어 외국인을 다르게 대하는 한국인 특유의 행태를 가리킨다. 선진국 출신 백인을 떠받들고 심지어 특혜까지 주면서, 후진국 출신이나 유색인종을 깔보고 차별하는 경향이 특히 한국에서 유독 강했다. '좌파'이자 이방인이던 박노자에게 한국 특유의 인종주의는 새로운 어휘를 발명해야 할 정도로 기괴했던 것이다. "가나에서나 어깨 우쭐할 것이지 어디 한국에서 가르치려고 들어"라는 말. 이 말은 'K-인종주의'의 본질을 투명하게 보여준다.

글을 쓰는 도중에 뉴스가 떴다. 공주고 학생들이 흑인 분장 사진을 온라인에 올리고 샘 오취리 이름까지 태그했다고 한다. 경악스럽다. 하지만 절망하고 있을 수만은 없다. 의정부고와 공주고의 이 어린 인종차별주의자들을 그냥 내버려둬선 안 된다. 무엇이 잘못인지 깨닫게 하고 사과하도록 만들어야 한다. 이런 세계에 일조한 기성세대 또한 같이 반성해야 한다. 나는 믿는다. 아니, 믿고 싶다. 우리가 적어도 지금보다 한 뼘 더 나은 존재가 될 수 있다고.

이미 그런 사회가 된 것처럼 2019-03-30

더 나은 사회를 만들 수 있다고 믿는다면, 이미 그런 사회가 된 것처럼 행동해야 한다. 내가 배운 진보적 실천이란 그런 것이었다. '저들'은 낮게 가도 '우리'는 높게 가야 한다. 진보주의자가 무슨 고결한 도덕주의자여서가 아니라, 그렇게 가지 않고는 사회 전체를 바꿀 수 없기 때문이다.

어떤 이들이 주장한다. 도덕주의와 이중잣대가 문제라고. '저들'은 투기와 불법을 밥 먹듯 자행하는데, 왜 '우리'는 이 정도 '노후 대비'조차 사퇴해야 할 일이 되냐고.

물론 소위 '진보의 도덕 강박'이 발목을 잡은 일이 한두 번이 아니다. 저들은 그걸 위선이라 부르며 즐거이 조롱했다. 우리보다 훨씬 썩어빠진 자들이 말이다. 확실히 분통 터지는 일이다. 하지만 그 기울어진 운동장이 핵심 문제라고 생각한다면, 당신은 크게 오판하고 있는 것이다.

썩어빠진 저들에게 분노하는 건 정당하다. 그러나 그것

이 곧 불법만 아니면 마음껏 자기 이익을 추구해도 된다는 의미는 아니다. (특히 김의겸 케이스는 생존이나 거주를 위한 게 아니었다. 재개발 시점을 절묘하게 치고 들어간, 명백히 투기적인 행위였다.)

오랫동안 범진보세력, 특히 민주당과 그 지지층 주류가 고수해온 어떤 사고틀이 있다. 먹고사는 문제는 개인이 알아서 하는 것이고, 시민들이 신경 써야 하는 공적 이슈는 역사 왜곡, 언론 장악, 권력층 비리 같은 것이라는 암묵적 구분 말이다. 다시 말해 그들은 '계급에 대해 말하지 않는 방식'으로 개혁이니 진보를 자임해왔다. 김의겸 사태는 그런 기만적/편의적 진보주의가 필연적으로 다다르는 종착지다.

문제는, 어린이의 꿈이 '건물주'인 사회는 만들지 말아야 한다고 입으로 말하면서도 본인은 건물주가 되고 싶어 하는 사람들이 너무나 큰 정치적 영향력과 발언권을 행사하고 있다는 것이다. 크게 보면 이는 87년 체제 이후 신주류 및 민주화운동 세대가 지닌 한계와도 직결된다. 애초 87년 체제를 만들어낸 동력은 계급 문제와 불가분이었음에도 30여 년이 지난 지금, 계급 이슈는 진보의 주류에서 분열증적으로 억압되어 있다.

본디 진보는 사회를, 공동체를, 공화국을 더 낫고 더 옳게 만드는 것이 우선인 사람들이다. 우리의 비전이 저들과 다르듯이, 우리의 기준이 저들과 다른 것은 당연하다.

거악보다 위선이 여론의 처벌을 더 크게 받는 현실은 부조리하지만, 그렇다고 "저들을 뽑은 국민이 개새끼"라고 말해버려서는 곤란하다. 또한 도덕 기준의 기울어진 운동장에 대한 해법이 우리의 기준을 저들 수준으로 낮추는 것이어서도 안 된다. 그것은 위선을 부추기지 않는다는 점에서 일견 합리적이지만 장기적으로 진보의 존재 이유를 파괴할 것이다.

 진보의 기준을 '도덕주의' '도덕강박증' 따위로 지칭하는 건 오독이고 모독이다. 이것은 도덕의 문제가 아니라 믿음의 문제다. 요컨대 진보주의자가 자신의 지향점을 진심으로 믿느냐의 문제다. 더 나은 사회를 만들 수 있다고 믿는다면, 이미 그런 사회가 된 것처럼 행동해야 한다. 내가 배운 진보적 실천이란 그런 것이었다. '저들'은 낮게 가도 '우리'는 높게 가야 한다. 진보주의자가 무슨 고결한 도덕주의자여서가 아니라, 그렇게 가지 않고는 사회 전체를 바꿀 수 없기 때문이다. 그렇게 가지 않고는 아직 오지 않은 더 나은 미래를 누구에게도 설득할 수 없기 때문이다.

몫 없는 이의 몫을 위한 정치

잘 조준된 분노

2025-04-11

거대한 시민 저항에도 불구하고 사회개혁은 왜 이토록 더딘 것일까? 분노가 잘 조절되긴 했으나, 잘 조준되지 못했던 탓이다. 비폭력 저항은 틀리지 않았다. 하지만 그것만으로는 부족하다. 사회개혁이 늘 실패한 건 탄핵으로 '왕'의 얼굴만 바꿨을 뿐 선출 방식과 권한은 그대로 뒀기 때문이다. 사회 곳곳에 뿌리내린 차별적인 관행과 불평등한 제도를 뜯어고치지 못했기 때문이다.

4월 4일, 헌법재판소의 윤석열 파면 결정문은 그야말로 '잘 조절된 분노'였다. 문형배 재판관은 내란세력이 지껄인 말들이 처음부터 끝까지 하나도 맞지 않음을 담백하게 짚어나갔다. 특히 "국회가 신속하게 비상계엄 해제 요구를 결의할 수 있었던 것은 시민들의 저항과 군경의 소극적인 임무 수행 덕분"이란 대목에서는 오랜 시간 뭉근히 끓인 팥죽의 뜨거움이 느껴졌다.

스테판 에셀은 세계에 '분노 신드롬'을 일으킨 책《분노하라》에서 사회의 구조적 부정의에 맞서 뜨겁게 분노해야 한다고 선동한다. 그는 나치에 맞서 총을 든 레지스탕스 출신이다. 결코 자신의 따귀를 때리는 자에게 속수무책 뺨을 내어주는 비폭력주의자가 아니었다. 그래서 폭력을 멈추게 하는 폭력, 즉 '반폭력의 폭력' 또한 인정한다. 12월 3일 불법 계엄령 이후 탄핵 인용까지 123일이 걸렸다. 그사이 폭도로 돌변해 법원을 공격한 일부 윤석열 지지자와 달리, 윤석열 내란에 맞선 시민들은 한 차례도 그런 물리적 폭력을 행사한 적이 없다. 생각하기 싫지만 만약 헌재에서 탄핵 기각이나 각하 결정이 나왔다면 어땠을까? '폭력을 멈추기 위한 폭력'이 실제로 일어났을지 모른다. 하지만 한편으로 에셀은 이렇게 경고했다. "과도한 분노는 언제나 좋지 못한 결과를 낳았다." 사실 헌재 발표 이전에도 위험한 순간은 매일 있었다. 그런 점에서 헌재보다 백배 칭찬받아 마땅한 이들은 혹한의 날씨, 극우 유튜버의 위협을 견디며 광장을 지켰던 시민들이다. 그들은 짜증과 분노를 눌러 참으며 무례한 타자를 끝까지 동료 시민으로 대했다.

한편으로 불공평하게 느껴진다. 왜 윤석열은 마음껏 '격노'해도 되고, 우리만 분노를 조절해야 하는가? 왜 극우 내란세력과 차별·혐오세력은 반대자의 입을 틀어막고 타인의 실존을 부정해도 별다른 제재를 받지 않는가? 심지어 대통령 탄핵만 벌써 두 번째다. 세계 각국의 민주주의를 연구한 정치학자 로널드 잉글하트는 시민의 직접 행동이 강위력한 나라에서 엘리트 고결성이 높아지는 경향이 있다고 말한다. 즉, 시민의 데모가 크게 일어날수록 권력자들이 두려워서 몸을 사리게 된다는 것이다. 그런데 그 이론은 한국엔 통하지 않았다. 국정 농단 대통령을 몰아내니 그보다 더한 자가 나타나 군대를 동원해 쿠데타를 일으켰다. 다른 나라에선 한 세대 한 번 나오기도 어려운 대규모 시위가 7~8년마다 일어남에도, 엘리트 카르텔 부정부패는 경제협력개발기구에서 하위권이다. 거대한 시민 저항에도 불구하고 사회개혁, 특히 권력 집단의 질적 개선은 왜 이토록 더딘 것일까?

이렇게 표현하고 싶다. 분노가 잘 조절되긴 했으나, 잘 조준되지 못했던 탓이라고. 비폭력 저항은 틀리지 않았다. 하지만 그것만으로는 부족하다. 사회개혁이 늘 실패한 건 탄핵으로 '왕'의 얼굴만 바꿨을 뿐 선출 방식과 권한은 그대로 뒀기 때문이다. 사회 곳곳에 뿌리내린 차별적인 관행과 불평등한 제도를 뜯어고치지 못했기 때문이다. 그래서 극우와 혐오가 저렇게 마음껏 활개 칠 수 있었다. 내란 공범 의혹이 있는 자를 헌법재판관으로 기습 지명한 대통령 권한대행 한덕수의 행태를 보라. 법의 허점을 파고든 엘리트의 이런 망동이 어디 한두 번인가? 이는 개인을 단죄하는 것만으로 결코 예방될 수 없으며 오히려 제도개혁의 필요성을 여실히 보여준다.

8년 전, 박근혜 탄핵 직후 개헌 얘기가 나왔을 때가 떠오른다. 그때 광장의 젊은 세대는 문제가 박근혜·최순실로 환원될 수 없음을 정확히 알고 있었다. 그들은 "일상 곳곳의

'박근혜들'이 사람답게 행동할 수 있었음에도 그러지 않았다"고 고발하며 사회의 전면 개혁을 요구했다. 그러나 막상 탄핵에 성공하자 정치인들과 다수 정치 고관여층은 '적폐 청산'이 먼저라고 주장했다. 그 귀결이 무엇인지 우리는 잘 안다. 이번에 개헌 논의가 나오자 같은 장면이 반복되고 있다. 물론 선거에 국한된 정치공학적 개헌에는 단호히 반대해야 한다. 그러나 승자독식형 권력구조 해체, 차별금지법, 기후위기 대응 등 사회 전면 개혁을 담은 7공화국 헌법의 제정은 피할 수 없는 시대적 과제이며, 이는 내란세력 처벌과 얼마든지 병행 가능하다. 이번에도 "내란세력 척결부터" 운운하며 이를 회피한다면, 또다시 오류를 반복하는 것이다. 분노는 잘 조준되어야 한다. 사회 대개혁의 그날까지 내란은 결코 끝나지 않는다.

'좌빨'이 법질서를 말하는 법

2025-01-19

역사적으로 극우와 극좌는 모두 법질서를 무너뜨리려 시도하거나 법을 하찮게 여기는 경향이 있었다. 현상적으로 둘은 동일한 모습으로 나타났지만 목적은 달랐다. 극우는 법질서를 수호하기 위해(정확히는 힘 숭배의 일환으로) 법을 파괴하려 했던 반면 극좌는 법질서의 피안에 있는 가치, 이를테면 '인간 해방'을 위해 법을 파괴하려 했다.

2025년 1월 19일 수백여 명의 윤석열 지지자들이 서울서부지방법원을 습격하고 점거하여 시설을 부수고 경찰과 민간인, 기자에게 폭력을 휘둘렀다.

내란을 지지하는 극우 폭도가 법원을 공격하는 사건이 벌어졌다. 그리고 '법의 지배', 곧 법치를 강조해야 하는 상황에 대해 당혹스러워하는 진보좌파들이 있다. 어느 정도 이해할 만한 일이다. 왜냐하면 지금까지 대다수 진보좌파들은 지배집단과 국가권력이 법을 앞세워 약자를 탄압하는 것에 맞서 시민불복종이나 반反폭력과 같은 '법 외부'의 민주주의 가능 조건들을 사유하고 실천해왔기 때문이다. 그런데 12·3 내란 사태 이후 대한민국의 주류 기득권 집단이 스스로 법질서를 파괴하며 사실상 내전을 야기하고, 물리적 폭력으로 법집행을 저지하고 나서자 일부 진보좌파들 사이에 일종의 인지부조화가 발생한 것이다.

진보좌파가 '법질서 수호'를 말하는 것이 어색할 수는 있다. 그러나 중요한 것은 "법을 지키느냐 마느냐"가 아니라 "법이 무엇을 위해 존재하느냐"다. 그것은 알랭 쉬피오식으로 말하면 '법의 인류학적 기능'을 묻는 것이기도 하다. 법의 인류학적 기능이란 '개개인이 타인 및 세상에 대해 갖는 관계에 각 개인을 초월하여 모든 이를 구속하는 공동의 방향을 개입시키고, 한 사람 한 사람을 고리처럼 엮어 인간과 인간의 사슬로 만드는' 것이다. 쉬피오는 법을 과학적 이성이나 경제적 효용 논리 속에 통합하려는 노력에 지극히 비판적이면서 동시에 법이 강자를 위한 권력의 기술에 불과하다는 인식에도 반대한다. 그가 보기에 법은 결코 다다를 수 없는 정의로운 표상에 다가갈 수 있도록 하는 도구이다.

이러한 방향으로 나아가지 못하고 만약 진보좌파가 법에 대한 실증주의적이고 물신주의적 관념에 머문다면, 다시 말해서 '극우파의 폭력이 가져올 혼란이 너무 극심하기 때문에 최소한의 체제 안정성이 필요하고 그것을 지키기 위해 전력을 다해야 한다'는 유의 주장에 머문다면, 그것은 그저 보수주의로의 퇴행이나 다름없다.

역사적으로 극우와 극좌는 모두 법질서를 무너뜨리려 시도하거나 법을 하찮게 여기는 경향이 있었다. 현상적으로 둘은 동일한 모습으로 나타났지만 목적은 달랐다. 극우는 법질서를 수호하기 위해(정확히는 힘 숭배의 일환으로) 법을 파괴하려 했던 반면 극좌는 법질서의 피안에 있는 가치, 이를테면 '인간 해방'을 위해 법을 파괴하려 했다. 그런데 법을 포함하여 모든 정합적 논리체계는 내부에서 스스로를 정당화할 수 없다. 체계가 정당화되기 위해서는 체계 '바깥'의 시선이 필연적으로 요구된다.

나는 '법질서의 전유 appropriation'라는 관점이 곧 법질서라는 체계 바깥을 상상하는 것과 다르지 않다고 생각한다. 법질서의 좌파적 전유라는 것은 무엇인가? 그건 법을 글자 그대로 해석하고 적용하라는 요구다. 이 요구가 관철되려면 법체계 바깥으로 일단 나가서 법의 목적과 기능을 고려하지 않으면 안 된다. 현행 법적 규범을 예외 없이 모든 공동체 성원에 공평하게 적용시키는 것. 그것만큼 급진적인 정치는 존재하지 않는다. 그래서 법에 철저히 예속된 주체는 역설적으로 법에 철저히 저항하는 주체가 된다. 그들은 법을 '최종심' 같은 것으로 보는 게 아니라 '누구도 누락하지 않는 그물'로 본다. 급진좌파에게 있어 법에 철저히 복종하겠다는 다짐은 법의 정신을 철저히 관철하겠다는 다짐이다.

급진 좌파가 말하는 법질서 수호란, 법을 그저 문언적으로 지키는 데 그치는 것이 아니라 법이 규범적으로 가리키는 윤리, 냉소적으로 말하면 법이 요식행위적으로 언급하는 유토피아적 이상을 지상세계에서 반드시 실현하고 말겠다는 나이브한 선언이다. 요컨대 '좌빨'에게 있어 법질서 수호란, 실정법이 도저히 견디지 못하고 붕괴하는 지점까지 법의 정신을 철두철미하게 밀어붙이는 것이다.

폭주하는 극우를 이기는 법

2025-01-17

분배와 인정의 불만, 즉 가난해지고 멸시당한다는 울분은 말만 번드르르한 자유주의 정치에 대한 환멸과 결합해 기층 인민을 급격히 우경화했다. 일각에서 '결단력 있는 독재자'를 은근히 기대하기 시작한다. 날것의 폭력성, 힘 숭배 욕망은 스멀스멀 폭력과 전쟁의 기운으로 전이된다. 폭주형 극우 엘리트는 이런 시대적 분위기 속에 탄생했다.

근본적으로 윤석열 내란은 예외적이고 특수한 사태가 아니라 한국 엘리트 위임 정치의 총체적 실패를 의미한다. 그 실패는 이미 한국 사회에 잠재하던 것이지 외계에서 떨어진 게 아니다. 다만 시민을 향한 폭력과 전쟁까지 불사하는 '폭주형 극우 엘리트'가 출현했다는 점은 새로운 현상이며 주의 깊게 분석되어야 한다. 윤석열, 김용현 등이 기존 우파 엘리트 그룹과 다른 점은 크게 두 가지다. 하나는 뚜렷한 폭력성, 다른 하나는 음모론이다. (이런 음모론을 칼럼 〈'어준석열 유니버스' 너머〉에서 '어준석열 유니버스'라 명명했다.)

민주공화정의 대통령은 법을 준수해야 한다. 삼권분립과 정치적 견제에 의해 대통령이 할 수 있는 일은 생각보다 제한된다. 개혁 의지가 넘쳐흘렀을 뿐 아니라 공부와 준비도 많이 했던 노무현 전 대통령이 취임 후 종종 무력감을 토로했던 것도 그 때문이다. 아무리 제왕적 대통령이라도, 아무리 선의와 신념으로 무장해도, 민주주의와 법의 지배라는 대원칙을 뛰어넘을 수는 없다. 그런데 극우는 그게 불만이다. "악랄한 저들이 사사건건 몽니를 부리는데 왜 선한 우리가 양보해야 하지?" 여기서 음모론은 폭력에 불을 붙이는 결정적 역할을 한다. "일반적 상황이면 법을 지켜야겠지만 지금은 선거관리위원회가 조직적으로 선거를 조작하는 비상사태 아닌가. 법질서를 지키려면 타협이 아니라 결단이 필요하다!" 그렇게 '법질서를 수호하기 위한 불법'이라는 형용모순이 출현한다.

윤석열 일당이 실제로 음모론을 믿었는지는 전혀 중요하지 않다. 그들 내면이 어떻든 간에 중요한 건 음모론이 폭력의 명분으로 당당히 제기되었다는 사실 자체다. 이번 내란에서 음모론의 역할을 과소평가하는 사람들도 있지만, 지금껏 인류가 벌인 많은 집단학살이나 전쟁에 상대를 악마화하거나 비인간화하는 음모론적 서사가 있었음을 엄중히 기억해야 한다. 약물이나 외과 수술 없이 인간의 뇌를 해킹하는 가장 효과적인 방법은 스토리텔링, 즉 그럴듯한 이야기다. 특히 이야기 속 감정이 핵심이다. 이성은 좀처럼 인간을 움직이지 못하지만 감정은 즉각 행동하게 만든다.

'브레인 해킹'이 항상 잘 먹혀드는 건 아니다. 잘 작동하는 조건이 존재한다. 바로 사회적 고통이다. 정확히는 '우리가 고통받고 있다는 인식'이다. 그러한 인식이 공유되고 나면 다음 단계는 '범인 찾기'다. 인간이 가장 참기 어려워하는 고통은 이유 없는 고통이며 그래서 인간은 자기 고통의 근원을, 설령 허구일지라도, 반드시 찾아내려 한다. 주류 자유주의 정치세력은 여기에 제대로 답하지 못한다. 좌파는 '자본주의 체제'라는 너무 거대한 답을 내민다. 하지만 극우파는 구체적인 답을 제시한다. "이게 전부 무임승차자와 불순세력 때문이다. 난민·이주민, 무슬림, 중국인, 김치녀, 호남인, 종북세력, 빨갱이, 장애인, 성소수자 등이 기여도 없이 보상만 챙기면서 나라를 망가뜨린다."

극우 정치의 세계적 확산에서 볼 수 있듯이 분배와 인정의 불만, 즉 가난해지고 멸시당한다는 울분은 말만 번드르르한 자유주의 정치에 대한 환멸과 결합해 기층 인민을 급격히 우경화했다. 지지부진한 민주주의를 통해서는 문제를 단번에 해결할 수 없다는 사실이 드러나면서, 일각에서 '결단력 있는 독재자'를 은근히 기대하기 시작한다. 제도와 관행의 외피에 가려져 있던 날것의 폭력성, 힘 숭배 욕망은 스멀스멀 폭력과 전쟁의 기운으로 전이된다. 폭주형 극우 엘리트는 이런 시대적 분위기 속에 탄생했다. 이들은 군대를 불법 동원해 내란을 일으켰음에도 탄핵 직전의 박근혜보다 훨씬 높은 지지를 얻고 있다. 바야흐로 극우는 현실정치의 변수가 아니라 상수가 되었다.

어떻게 해야 하는가? 스피노자는 "감정은 이성으로는 통제될 수 없고 다른 강력한 감정으로만 제어될 수 있다"면서, "지성으로 나아가기 위해서는 해로운 수동적 감정에서 용기와 관용 같은 능동적 감정으로 이행해야 한다"고 말했다. 극우가 일종의 '감정 서사'라는 점을 염두에 두면, 그걸 이겨낼 수 있는 건 대항 논리가 아니라 대항 감정인 것이다. 즉, 궁극적으로 혐오를 이겨내는 힘은 서로 돌보는 마음에서 나온다. 이러한 능동적 감정은 파산한 엘리트 정치를 '누구나의 민주주의'로 바꿔내기 위한 절대적 동력원이다. 트랙터와 응원봉이 만들어낸 남태령의 기적을 소중히 이어가야 하는 이유다.

굳건함과 관대함

2025-01-30

극우를 극복할 수 있는 힘으로 제시한 용기와 관용은 혐오나 증오 같은 나쁜 감정을 '착한 감정'으로 극복하자는 말이라기보다는 스스로 단단해지고 서로를 돌보는 감정이 있어야 극우가 극복될 수 있다는 의미에 가깝다. 극우를 극복하는 쉽고 편한 길은 존재하지 않는다. "모든 고귀한 것은 어려울 뿐만 아니라 드물다."

칼럼 〈폭주하는 극우를 이기는 법〉에서 "극우주의는 감정 서사이고 그걸 극복하려면 대항 논리가 아니라 대항 감정이 필요하다"고 썼다. 그 주장은 기본적으로 스피노자의 다음과 같은 통찰에 기반한다. "감정은 이성으로는 통제될 수 없고 다른 강력한 감정으로만 제어될 수 있으며 지성으로 나아가기 위해서는 해로운 수동적 감정에서 용기와 관용 같은 능동적 감정으로 이행해야 한다."

하지만 지면이 너무 짧아서 정작 그 능동적 감정, 용기와 관용을 구체적으로 설명할 수 없었다. 근데 그 얘기를 하려면 먼저 감정이 왜 이데올로기의 문제인지를 논증해야 한다. 또한 (극우에 맞서는) 이데올로기로서의 감정을 논하기 위해서 이른바 '정동 affect 이론'의 정동 개념을 왜 기각해야 하는지도 설명해야 한다. 그러니까 업계 고인물들에게 "그나마 사람의 말로 써 있긴 하네"라는 소릴 듣기 위해서는, 칡넝쿨마냥 얽혀 있는 선결 문제들을 설명해야 하는 것이다. 그럴 거면 그냥 논문을 읽지 칼럼을 왜 읽나 싶지만, 아무튼 어떤 주장을 이성적으로, 뭘 제대로 말하는 건 참 피곤한 일이다. 다만 스피노자를 경유한 저 극우 대응책이 자칫 오해될 수 있기에 간략히 보충설명을 덧붙인다.

첫째, '능동적 감정' 즉 능동 정서는 '긍정적 감정'이 아니다. 쉽게 말해서 슬픔은 부정적 감정이고 기쁨은 긍정적 감정이지만 그렇다고 기쁨이 그 자체로 능동적 감정은 아니다. 스피노자의 수동/능동은 일반적인 수동/능동과 좀 다르다. 그래서 많은 사람들이 능동 정서를 긍정 정서로 오해하고, 심지어는 스피노자 윤리학을 무슨 긍정심리학 같은 것으로 묘사한다. 그렇지 않다. 보통 능동은 어떤 작용을 가하는 것이고 수동은 작용을 당하는 것으로 이해된다. 그래서 능동은 원인, 수동은 결과가 된다. 그러나 스피노자에게 능동과 수동은 둘 다 원인이다. 다만 능동은 적합한 원인이고 수동은 부적합한 원인일 따름이다. 외부의 자극에 의해 휘둘리면 부적합한 원인이고 자신의 본성을 원인으로 한다면 적합한 원인이다. 스피노자는 외부의 원인에 의해 기쁨, 슬품, 분노 같은 감정에 사로잡히는 상태를 '예속'으로 정의한다. 반면 적합한 원인, 능동성이란 단적으로 말해 '내 밖의 원인들에 속박되지 않는 것'이다. 그 감정적 상태는 강함strength이고 스피노자는 이 강함을 다시 두 종류, 용기와 관용으로 나눈다.

둘째, 칼럼에 쓴 '용기'와 '관용'은 강영계 번역판 《에티카》에서 가져온 번역어지만 일반적인 의미의 용기와 관용과는 다소 의미가 다르다. 진태원 선생님은 《스피노자 윤리학 수업》에서 '용기'를 '굳건함'으로, '관용'을 '관대함'으로 번역한다. 이 번역도 딱 맞아떨어지는 느낌은 아니지만, 이해를 돕기 위해 소개하는 것이다. 원래 스피노자가 사용한 말은 라틴어 animositas(용기, 굳건함)와 generositas(관용, 관대함)이다. 영어로는 tenacity(끈기)와 generosity(너그러움)로 번역된다. 여기서 직관적으로 잘 이해되지 않는 단어가 animositas/tenacity이다. 물론 용기라는 의미도 있지만 흔히 말하는 사자 같은 용기courage 따위가 아니라 '어떤 어려운 과업을 꿋꿋이 수행해내는 힘'에 가까운 의미다. 영어 tenacity가 보통 '끈기'로 번역되지만, 그렇다고 스피노자의 능동 정서를 '끈기'로 번역하면 좀 이상해진다.

여러 스피노자 문헌들에서 설명되는 animositas를 보면서 나에게 떠오른 단어는 선불교에서 말하는 '근기根機'다. 근기란, 쉽게 말해 불법을 깨닫고 수행을 버텨내는 개인 역량을 가리킨다. 그것은 아이큐 같은 피상적인 인지 능력이 아니라, 일종의 영적인 단단함 같은 것이다.《에티카》에서 스피노자는 animositas를 '오직 이성의 인도에 따라 자신의 존재를 보존하고자 하는 욕망'으로 정의하고, generositas를 '오직 이성의 인도에 따라 다른 사람을 돕고 그들과 우정으로 연결되려는 욕망'으로 정의한다. 이와 관련해 진태원 선생님은 전자를 '자기 윤리'로 후자를 '타자 윤리'로 설명하기도 했다.

칼럼 〈폭주하는 극우를 이기는 법〉에서 극우를 극복할 수 있는 힘으로 제시한 용기와 관용은 이 두 가지 능동 정서를 말한 것이다. 그것은 혐오나 증오 같은 나쁜 감정을 '착한 감정'으로 극복하자는 말이라기보다는 스스로 단단해지고 서로를 돌보는 감정이 있어야 극우가 극복될 수 있다는 의미에 가깝다. 당연히 어렵다. 그냥 서로 '으쌰으쌰, 우쭈쭈' 편들어준다고 되는 일이 아니다. 스피노자가 계속 강조하듯이 그것은 '이성의 인도에 따라'야 하는 것이다. 쉬운 예를 들면, 윤석열의 선거 음모론에는 극대노하면서 김어준의 선거 음모론은 옹호·변명하는 그런 감정, 그것이 바로 스피노자가 말하는 '수동 정서에 예속된 노예적 상태'다. 다시 말하지만 예속을 벗어나기란 쉽지 않다. 극우를 극복하는 쉽고 편한 길은 존재하지 않는다. 그런 게 있다면 세상이 이 모양 이 꼴이겠는가.《에티카》의 마지막 문장처럼, "모든 고귀한 것은 어려울 뿐만 아니라 드물다."

'어준석열 유니버스' 너머

2024-12-20

문제는 김어준과 윤석열이 공유하는 세계관, 이른바 '어준석열 유니버스'다. 그것은 무엇인가? 표면적 공통점은 음모론이다. 음모론이란, '권력자가 어떤 목적을 위해 비밀리에 모종의 사건을 계획·실행했음을 폭로하는 서사'를 가리킨다. 내가 주목하는 건 음모론이 유독 권력 쏠림이 심한 사회에서 활개 친다는 점이다.

전 정치인 유시민은 얼마 전 어느 토론에 나와 "나는 유튜브나 포털 사이트에서 원하는 기사만 찾아보지 기성 언론은 보지 않는다"며 "유튜브 보는 사람을 과소평가하지 마세요"라고 했다. 맞는 말이다. 특히 기성 언론 다 무시하고 유튜브에 몰입하는 사람을 예의주시해야 한다. 그는 보고 싶은 뉴스만 보다가 현실을 오판하게 되고, 급기야 내란을 일으킬 수 있다.

내란 수괴 윤석열은 군대를 동원해 국회와 중앙선거관리위원회를 장악하려 했을 뿐 아니라, 여론조사 '꽃'(방송인 김어준이 설립한 여론조사기관)을 확보·봉쇄하라는 지시를 내렸다. 우선 아닌 밤중에 홍두깨 같은 일을 겪은 김어준에게 심심한 위로를 전한다. 여러 보도로 알려졌듯 윤석열은 부정선거 음모론을 진실로 믿었고, 그래서 김어준의 회사를 노린 것으로 보인다. 그런데 지난 10여 년간 부정선거 음모론의 대표주자를 딱 하나만 꼽으라면 바로 김어준 아니던가.

과거 김 씨는 18대 대선 개표 조작설, 이른바 'K값' 음모론을 제기했다가 사실이 아닌 것으로 드러났다. 그뿐만 아니다. 그는 황우석 사태, 세월호 참사, 정봉주 성추행 사건 등등에서 수많은 거짓과 음모론을 유포했고, 결국 사실이 아닌 것으로 밝혀졌음에도 제대로 된 사과를 하지 않았다. 그런데도 지금까지 어지간한 언론을 능가하는 영향력을 과시하며 활동하고 있다.[27] 이에 더해, 이번 내란 사태에서 국회 과학기술정보방송통신위원회가 김어준의 '북한군 위장 암살조 가동' 주장을 충분한 검증도 없이 공개해 시민단체들이 거세게 비판하기도 했다. 김 씨가 지금까지 대한민국 공론장에 끼친 해악을 모두 열거하자면 책 한 권으로도 부족할 지경이다.

오해하면 곤란하다. 이건 김 씨의 잘못이 내란 수괴와 동급이란 주장이 아니며, 윤석열 음모론의 원인이 김어준 음모론이라는 얘기도 아니다. 문제는 김어준과 윤석열이 공유하는 세계관, 이른바 '어준석열 유니버스'다. 그것은 무엇인가? 표면적 공통점은 음모론이다. 음모론이란, '권력자가 어떤 목적을 위해 비밀리에 모종의 사건을 계획·실행했음을 폭로하는 서사'를 가리킨다. 앞서 언급한 부정선거 음모론이 대표적 예다.

음모의 주체는 주로 강대한 권력집단이지만 아닌 경우도 있다. 예컨대 여성, 페미니스트들을 겨냥한 '집게손가락' 음모론이다. 칼럼 〈메갈리아의 세계 지배〉에서 언급했듯이 광고, 게임 이미지에 등장하는 집게손가락 모양이 페미니스트가 숨겨둔 남성혐오 표현이라는 주장인데, 사실로 밝혀진 적이 단 한 번도 없음에도 수년째 반복되고 있다. 2023년 불거진 게임 업계 집게손가락 소동 때 정치인 이준석은 "볼 것도 없이 (남성혐오를 상징하는) 메갈(리아) 손가락이고 의도된 바가 있다고 본다"고 발언했다. 얼마 지나지 않아 논란이 된 이미지를 40대 남성이 그린 것으로 밝혀졌음에도 이씨는 아무런 사과도 해명도 하지 않았다.

더 본질적인 문제는 저런 음모론의 생산과 소비를 끝없이 부추기는 사회적 조건이다. 여기엔 기성 언론과 정치에 대한 낮은 신뢰, 유튜브 같은 게이트 키핑 없는 뉴미디어와 허위 정보의 확산 등 다양한 요인들이 있을 터이다. 내가 주목하는 건 음모론이 유독 권력 쏠림이 심한 사회에서 활개 친다는 점이다. 큰판 한 번만 이기면 모든 게 뒤집히는 시스템에서는 공정성을 확보하기가 낙타가 바늘구멍에 들어가기보다 어렵다. 승자의 보상이 크면 클수록 편법·반칙의 유인도 그만큼 커지기 때문이다. 한국의 입시 비리가 결코 근절

되지 않는 것도, 선거 음모론이 사라지지 않는 이유도 근본적으로 여기에 있다. 승자가 모든 걸 독차지하고 패자들은 나락에 떨어져 모욕당하는 시스템에서 경쟁은 곧 전쟁이 되고, 공정성 시비와 음모론이 창궐하며, '강자 선망'과 '약자 혐오'도 만연한다. 나는 졸저 《한국의 능력주의》에서 그런 문화를 '힘 숭배'라는 말로 요약한 바 있다.

어떻게 해야 할까? '어준석열들'에 대한 비판과 책임 묻기는 필수다. 그러나 그것만으론 부족하다. 대통령 비상계엄권을 비롯하여 권한과 자원이 과집중되는 승자독식 체제를 해체하지 않으면, '어준석열들'은 영원히 다른 얼굴로 회귀할 것이다. 시스템을 바꾼다는 것은 제도를 바꾸는 일과 함께 우리 삶의 방식을 성찰하고 혁신하는 것이기도 하다. 이 수라장 뒤에 다시 만나는 세계는 부디 더 나은 세계이길 바란다.

아직 오지 않은 포퓰리즘

2024-07-12

갈수록 포퓰리즘이 뜨는 건 무능한 위선과 내로남불 정치에 사람들이 아주 넌더리가 났기 때문이다. 하지만 더 중요한 이유가 있다. 40년 넘는 기간 동안 전 세계에 몰아친 신자유주의 광풍이다. 제조업 노동자는 일자리를 잃었고, 서비스 노동자는 프레카리아트 precariat(불안정노동계급)가 되었으며, 농민은 땅을 갈아엎고 트랙터 시위에 나서야 했다.

'포퓰리즘'은 심한 욕이다. 한국 정치에서 특히 그렇다. 국민의힘 지지자가 더불어민주당을, 민주당 지지자가 국민의힘을 포퓰리즘이라고 욕한다. 이때 본인 주장은 지동설급 진리지만 상대 주장은 천동설급 오류다. "전 국민한테 25만 원을 주자고? 저걸 말이라고 하나?" "이대남한테 편승해 여성가족부 폐지? 정치가 장난이야?" 단어 빈도만 따지면 가히 '대포퓰리즘 시대'다.

유럽을 보면 더 실감할 수 있다. 2024년 6월 유럽의회 선거에서 극우 성향 의석이 20퍼센트를 점했다. 2022년 스웨

덴 총선에선 극우 정당인 스웨덴민주당이 제2정당이 됐다. 얼마 전 프랑스 조기 총선에서는 중도파 연합이 가까스로 극우의 집권을 막았다. 심지어 홀로코스트 가해국 독일에서도 극우 정당이 약진하고 있다. '압력'이 높아진 건 분명하며 언제 폭발해도 이상하지 않다. 그러나 아직 포퓰리즘 시대는 본격적으로 오지 않았다. 앙시앵 레짐Ancien Régime, 구체제에 여전히 힘이 남아 있기 때문이다.

구체제는 '극단적 중도The Extreme Centre'라는 단어로 요약할 수 있다. 이는 저널리스트 타리크 알리의 개념으로, "중도 좌파와 중도 우파가 현 상태의 유지를 공모한 상태"를 뜻한다. 영국 보수당과 노동당, 미국 공화당과 민주당, 한국의 국민의힘과 민주당이 정확히 여기 해당한다. 대표 사례가 영국 노동당 전 총리 토니 블레어다. '부시의 푸들'이란 별명으로 유명한 그는 '최고의 보수당 총리'라는 별칭도 갖고 있는데, 블레어 이후 영국 노동당은 '신노동당'으로 따로 명명될 정도로 성격이 다른 당이 됐다. 미국 민주당은 총기, 낙태 등 특정 이슈에서 공화당과 입장 차이가 있지만 군사패권주의나 경제 정책에서 크게 다르다 보기 어렵다. 한국도 사회경제 정책에서 국민의힘과 민주당은 별 차이가 없다. 노무현 전 대통령의 '좌파 신자유주의'는 한국형 극단적 중도를 상징하는 말이었다.

극단적 중도파의 특징 중 하나는 포퓰리즘에 대한 이율배반적 태도다. 입으로 포퓰리즘을 비난하며 스스로를 현실주의자로 포장하지만 실제로는 무책임한 포퓰리즘 정책을 뻔뻔하게 내놓는다. 그럼에도 사회문제는 전혀 해결되지 않는다. 갈수록 포퓰리즘이 뜨는 건 그런 무능한 위선과 내로남불 정치에 사람들이 아주 넌더리가 났기 때문이다.

하지만 더 중요한 이유가 있다. 40년 넘는 기간 동안 전 세계에 몰아친 신자유주의 광풍이다. 제조업 노동자는 일자리를 잃었고, 서비스 노동자는 프레카리아트precariat(불안정 노동계급)가 되었으며, 농민은 땅을 갈아엎고 트랙터 시위에 나서야 했다. 지리학자 데이비드 하비는 그 과정을 '강탈(을 통한 축적)'이란 말로 요약한다. 극단적 중도파는 이를 저지하기는커녕 태연히 방조하거나 적극적으로 가담했다. 그 결과 다수 인민의 고통은 극심해졌다. 극우 포퓰리즘은 그 틈에서 성큼 자랐다. 그들은 "이민자 같은 내부의 적을 쫓아내고 우리의 원래 지위를 회복하자"고 역설하며 분노한 사람들의 지지를 얻었다.

언론은 극우 포퓰리즘에 주목하지만 그건 절반의 진실이다. 좌파 포퓰리즘도 눈여겨보아야 한다. 그리스의 좌파 정당 시리자, 스페인의 좌파 정당 포데모스가 대표적 예다. 극우 포퓰리즘이 공동체 내부를 갈라치는 배제적 포퓰리즘Exclusive Populism이라면, 좌파 포퓰리즘은 모두를 포용하는 포괄적 포퓰리즘Inclusive Populism이다. 정치학자 잉글하트와 노리스의 연구에 따르면, 1960년대 이후 유럽에서 우파 포퓰리스트 정당이 얻은 표는 두 배, 좌파 포퓰리스트 정당이 얻

은 표는 다섯 배 늘어났다고 한다.[28]

 누군가는 포괄적 포퓰리즘이란 결국 가진 자를 배제하는 것 아니냐고 비난할지 모른다. 그렇지 않다. 가진 자들이 배제되거나 차별받는 일은 현실적으로 불가능하다. 소수자·약자와 달리 그들은 막대한 자원과 발언 권력을 가지고 있기 때문이다. 다만 포괄적 포퓰리즘은 가진 자가 범죄를 저질렀을 때 못 가진 자와 '똑같이' 처벌되도록 모든 수단을 동원할 것이다. 즉, 민주적 평등 원칙에 따라 누구도 배제하지 않고 누구도 우대하지 않을 뿐이다. 그래도 포퓰리즘보다 극단적 중도가 나을까? 그럴지 모른다. 분명한 건 포퓰리즘 모멘트를 피할 수 없다는 사실이다. 우리가 선택할 수 있는 건 단지 '어떤 포퓰리즘이냐'다.

'300 대 0'의 의미

2024-04-19

"한국 정치가 다시 300 대 0으로 돌아갔다." 2004년 민주노동당이 열 명의 당원을 국회로 보낸 지 정확히 20년 만에, 진보좌파의 자리는 국회에서 사라졌다. '300 대 0'은, '기생적 진보정당'이 아닌 '독자적 진보정당'이 의회에서 사라진 현실을 가리킨다.

22대 총선 이튿날 새벽, 누군가 이렇게 적었다. "한국 정치가 다시 300 대 0으로 돌아갔다." 거대 양당과 그 위성정당의 셈법에만 익숙한 이에겐 생뚱맞은 숫자일 게다. 그러나 한때 진보정당의 대의에 동참했던 이들에겐 참으로 사무치는 숫자다. 2004년 민주노동당이 열 명의 당원을 국회로 보낸 지 정확히 20년 만에 진보좌파의 자리는 국회에서 사라졌다. 그 의미와 과제를 짚어야 할 시점이다.

혹자는 '22대 국회에 진보정당이 사라졌다'는 명제에 이의를 제기할 수 있겠다. 이를테면 "진보당, 기본소득당 등이 엄연히 22대 국회에 있는데 왜 진보좌파가 0이라고 주장하느냐"라는 반박이다. 답은 명확하다. 진보를 참칭하면서 보수 기득권이 주도한 위성정당이라는 '시스템 해킹'에 적극 가담한 행위는 평등·해방의 가치는 물론이고 민주주의를 근본적으로 부정한 작태다. '300 대 0'은, '기생적 진보정당'이 아닌 '독자적 진보정당'이 의회에서 사라진 현실을 가리킨다.

총선에 나온 독자적 진보정당은 하나가 아니었지만, 원내 정당에서 원외 정당이 된 녹색정의당이 아무래도 입길에 많이 올랐다. 선거가 끝나자마자 이들을 향한 진단과 훈수가 쏟아졌다. 개인적으로 가장 흥미로운 평가는 두 가지였다. 하나는 '페미니즘에 올인해서 망했다'이고, 다른 하나는 '다양한 가치를 내세웠지만 선명하지 못해서 졌다'이다. 전자는 집중해서 망했다는 것이고 후자는 집중하지 않아서 망했다는 것이니 형식논리상 둘은 양립 불가능하다.

페미니즘에 열중하다 망했다는 주장은 정의당 국회의원들, 특히 젊은 여성 의원 류호정과 장혜영이 민생과 노동 의제를 외면했다는 데 대한 비판으로까지 이어졌다. 그러나 정의당 소속 국회의원 여섯 명이 대표발의한 법안들을 실제로 살펴보면 전혀 사실이 아니다.[29] 2024년 시점에서 봐도 류호정은 대표발의 예순한 건 중 페미니즘 관련은 세 건으로 5퍼센트, 장혜영은 차별금지법을 포함해도 마흔두 건 중 여섯 건으로 14퍼센트에 불과하다. 이쯤 되면 도리어 페미니즘에 소홀한 걸 지적해야 할 지경이다.

그럼 다양한 가치를 지향하다 선명성을 잃어서 몰락했다는 평가는 어떨까? 이는 적지 않은 정치 전문가들과 일부 정의당 출신들도 지적하는 부분이다. 불평등, 기후, 여성, 장애인까지, 포기하기 어려운 의제들을 모두 붙잡고 가느라 선택과 집중을 하지 못했고, 기존 지지자들조차 다른 당에 모두 뺏기고 말았다는 것이다. 이런 분석은 '페미니즘 때문에 망했다'는 주장보다는 합리적으로 느껴진다. 그러나 민주당이나 국민의힘은 다양한 정도를 넘어 심지어 상충하는 의제를 백화점식으로 나열한다는 점, 노동당과 녹색당은 정의당보다 훨씬 선명함에도 현실정치에서 정의당보다 존재감이 없다는 점을 같이 언급해야 공정할 것이다.

그렇기에 정의당 패배 요인을 가치의 다양성에 돌리는 분석에 온전히 동의하기 어렵다. 옳고 그름을 떠나, 이제는 선명한 하나의 깃발 아래 모이던 시대가 끝났다는 걸 인정해야 한다. 카를 마르크스조차 생태주의로 재해석되는 시대다. 현대 진보정치에서 가치의 다양성은 이제 선택이 아니라 필수다. 사실 정의당의 몰락 이유를 한마디로 요약하는 것 자체가 무리다. 따지고 보면 조국 사태 같은 국면에서 당 지도부의 오판도 중대한 이유였다.

다른 선거처럼 이번 총선도 르상티망ressentiment(원한감정)이 주도했다. 이런 조건에서는 내가 잘하는 게 아니라 상대가 잘못되는 데서 정치 효능감이 극대화된다. 누군가가 싫어서 투표하는 사람은 더 좋은 정치가 아니라 그를 가장 아프게 찌를 칼에 투표한다. 그래서 힘없는 세력은 너무 쉽게 사표론의 먹이가 된다. 억울하고 답답할 수 있겠지만 그럼에도 진보정치는 과거가 아니라 미래를 말해야 한다. 싫은 놈에게 최대한의 고통을 주는 정치가 아니라 보이지 않던 사회의 상처를 가시화하고 치유하는 정치를 제안해야 한다.

이번 총선을 두고 많은 이들이 노회찬과 심상정으로 대표되던 진보정당 시대의 종결을 말한다. 하지만 그렇다고 진보정치가 끝난 것은 아니다. 진보정치는 민중의 대변이 아니라 차라리 민중의 발명이다. 삶의 현장에서 다양한 가치를 의제로 만들어내는 열정은 어느 시대든 사람들의 마음을 움직이고 끝내 정치적 주체로 결집시킨다. 결국 그것이 진보정치의 존재 이유 아닌가.

대통령께 자유를

2023-11-03

'자유'가 무려 서른다섯 차례나 등장한 대통령 취임사를 보며 느꼈다. 이분은 자유로운 영혼이라는 걸. 대통령은 시민의 자유를 확장하기 위해 자기 자유를 제한해야 하는 직업이다. 자신을 반대하는 이들까지 포용해야 한다. 안타까운 건 용산의 자유로운 영혼에게 그 일이 너무 버거워 보인다는 것이다.

원망스럽기도 했다. 시민들은 너무 힘든데 대통령만 즐거워 보여서다. 이젠 아니다. 대통령 얼굴에서 웃음기가 사라졌다. 서울 강서구청장 보궐선거는 집권당 참패로 끝났다. 대통령 부정 평가는 60퍼센트를 넘어선 뒤 내려올 기미가 없다. 총선이 바짝 다가왔고 경제 상황을 보면 내년이 두려울 정도다. 단언컨대 '대통령의 행복한 시간'은 끝났다. 그래서 외람되지만 감히 권한다. 이제 짐을 내려놓고 자유로워지시면 어떨까.

'자유'가 무려 서른다섯 차례나 등장한 대통령 취임사를 보며 느꼈다. 이분은 자유로운 영혼이라는 걸. 격식에 구애 받지 않는 평소 입말을 보건대 어쩌면 시인이 되셨을지도 모른다. 그런 사람을 검찰총장으로, 직업정치가로, 심지어 대통령 후보로까지 밀어올린 건 다름 아닌 문재인 정권과 민주당이다. 얄궂게도, 자유를 이토록 중히 여기는 사람이 최근 5년간 겪은 운명은 너무나 타율적이었다. 운명의 파도에 휩쓸린 당선자의 내면에서 자유를 향한 열망은 조용히, 그러나 확실히 응축되었으리라. 그 열망은 취임 첫 일성에서 '총 35회 자유 선언'으로 폭발한다.

자유, 특히 개인의 자유는 민주주의 사회가 결코 포기할 수 없는 핵심 가치다. 서른다섯 번 아니라 일흔 번 강조해도 지나치지 않다. 문제는 집권 2년을 채워가는 지금, 대통령께서 그토록 부르짖은 자유가 얼마나 실현되고 있는가다. 어떤 사회의 자유를 측정·비교하는 대표적 기준은 바로 언론의 자유다. 그러나 세상 모든 자유민주주의 국가가 경악할 일이 지금 대한민국에서 벌어지는 중이다. 검찰은 지난 대선 시기 윤석열 당시 후보에 대한 검증 보도를 했던 《경향신문》 등 몇몇 언론사들을 잇따라 압수수색했다. 대통령제 아래서 대선 후보는 누구보다 강도 높은 검증의 대상이다. 그 전방위적 검증 과정은 선거의 하이라이트이자 언론이 전력투구해야 할 전문 영역이다. 그런데 대통령 후보를 집중 취재했다는 이유로 검찰이 언론을 압수수색한다? 글자 그대로 '자유의 전면 부정'이다.

언론 탄압이 얼마나 심각했는지 이른바 보수진영까지 반발하고 있다. 한 우익 성향 언론학자는 대표적 우파 신문에 실은 기고문에서 윤석열 정권의 가짜뉴스 정책을 "반헌법적 언론통제"라며 강도 높게 비판했다. 잠깐 읽어보자. "언론 일각에는 분명 악의적인 허위보도가 존재한다. 하지만 이를 빌미 삼은 권력의 언론통제 시도는 보다 큰 위험을 내포한다. 지금은 거짓처럼 보이는 보도가 종국에 사실로 드러난다면? 국가는 무엇이 진실이고 거짓인지 어떻게 아는가. 그 판정이 특정한 정치권력의 관점이 아니라고 어떻게 단언하는가."[30]

며칠 전 대통령께서는 소상공인·자영업자들의 고충을 전하며 이렇게 말씀하셨다고 한다. "외국인 노동자를 고용한 식당에서는 끝없이 올라가는 인건비에 자영업자들이 생사의 기로에 있음을 절규하며 '외국인 노동자의 임금을 내국인과 동등하게 지불해야 한다는 국제노동기구 조항에서 탈퇴해야 하는 것 아니냐'며 비상 대책 마련을 호소했다." 참 의아하다. 적어도 윤석열 대통령이라면, 국제협약까지 위반하며 타국민의 인권을 박탈하려 드는 소상공인·자영업자를 이렇게 설득했어야 한다.

> 어떤 사람의 자유가 유린되거나 자유 시민이 되는 데 필요한 조건을 충족하지 못한다면, 모든 자유 시민은 연대해서 도와야 합니다. (…) 국제적으로도 기아와 빈곤, 공권력

과 군사력에 의한 불법행위로 개인의 자유가 침해되고 자유 시민으로서의 존엄한 삶이 유지되지 않는다면, 모든 세계 시민이 자유 시민으로서 연대하여 도와야 하는 것입니다.[31]

대통령은 시민의 자유를 확장하기 위해 자기 자유를 제한해야 하는 직업이다. 야당은 물론 자신을 반대하는 이들까지 포용해야 한다. 안타까운 건 용산의 자유로운 영혼에게 그 일이 너무 버거워 보인다는 것이다. 대통령으로서 대체 뭘 하고 싶은지 아무도, 심지어 본인조차 모른다는 게 제일 심각한 문제다. 벌써 레임덕이란 말이 나오는 이유다. 하지만 때에 따라 대통령제를 내각제처럼 운용할 수도 있지 않을까? 그런 발상으로 보면 대통령과 시민 모두가 행복해지는 선택지가 딱 하나 떠오른다. 2017년 촛불시위로 알게 된 사실은, 대한민국 시스템이 대통령의 국정 공백에도 끄떡없이 버틴다는 점이다. 시민들은 준비돼 있다.

정치 팬덤, 어떻게 볼 것인가

2023-07-06

정치 과몰입은 정치를 선과 악의 전쟁으로 파악하고 정치인(세력)과 자신을 동일시하는 증상이다. 개인 차원에서 정치 과몰입은 집단 차원에서 흔히 '정치 팬덤'으로 표출된다. 그런데 대중문화 팬덤이 다른 팬덤을 향한 비난을 대체로 금기시하는 데 반해, 정치 팬덤은 다른 쪽을 흡사 멸망시킬 태세로 공격한다.

내 소셜미디어에 밑도 끝도 없이 악성 댓글을 다는 사람이 있다. 왜 이러나 싶어 살펴보면 작성한 모든 글이 민주당과 국민의힘 얘기다. 오프라인에서도 가끔 만난다. 다짜고짜 대통령 부인에게 여성혐오적 발언을 쏟아낸다거나, 퇴임해서 지역에 사는 대통령을 두고도 끔찍한 욕설을 퍼붓는 이들. 배웠다는 사람, 이른바 지식인도 다르지 않다. 만날 때마다 정치 얘기만 하는 지인을 도무지 견디기 힘들어서 관계를 끊은 경험도 있다. 이들이 보이는 증상을 통칭해 나는 '정치과몰입증후군'이라 부른다. 이 증상은 작게는 주변 사람들을 불편하게 하는 데 그치지만, 심해지면 문자폭탄으로 합리적 토론과 정당 활동을 방해하고, 막장으로 가면 드루킹 사태(더불어민주당원 댓글 조작 사건)가 된다.

정치 과몰입은 정치를 선과 악의 전쟁으로 파악하고 정치인(세력)과 자신을 동일시하는 증상이다. 광적인 동일시라는 점에서 집단적 문화 현상인 팬덤과 무척 비슷하며, 그래서 개인 차원에서 정치 과몰입은 집단 차원에서 흔히 '정치 팬덤'으로 표출된다. 그런데 정치 팬덤이 아이돌 팬덤 같은 대중문화 팬덤과 결정적으로 다른 지점이 있다. 대중문화 팬덤이 다른 팬덤을 향한 비난을 대체로 금기시하는 데 반해, 정치 팬덤은 다른 쪽을 흡사 멸망시킬 태세로 공격한다. 물론 대중문화 팬덤에서도 갈등은 일상이며 드물게 각자의 화력을 총동원한 전면전이 일어나기도 한다. 그래도 넘지 말아야 할 선은 있다. 서로의 취향에 대한 존중이다. 속으로야 상대 취향을 경멸할 수 있겠지만 적어도 그것을 공공연히 드러내선 안 된다는 암묵적 합의가 존재하는 것이다.

정치 팬덤은 다르다. 내 정치인은 '개혁의 아이콘'이지만 저쪽은 '적폐의 상징'이다. 우리 편은 절대선이지만 저쪽은 절대악이다. 정치학자 제이슨 브레넌은 미국 유권자를 '호빗' '훌리건' '벌컨', 이렇게 세 그룹으로 나눈다. 호빗은 정치 무관심층이고, 훌리건은 편향적·광신적 지지자이며, 벌컨은 냉정하고 이성적인 유권자다. 정치학자 다이애나 머츠는 정치참여형 시민들이 거의 모두 훌리건적 성격을 가진다고 말한다. 한국인들만 유독 광기에 차 있어서 그런 게 아니라 현대 정치의 흔한 현상이라는 거다.

정치 팬덤이 극단화되기 쉬운 이유가 있다. 도덕적 확신이 강하게 작동하기 때문이다. 취향의 다름은 존중할 수 있지만 도덕의 다름은 그렇지가 않다. 도덕은 세계를 인식하고 살아가게 하는 기본적 가정이기 때문에 양보하기가 어렵다. 문제는, 여러 심리학자가 밝혀낸 것처럼 이념과 문화적 배경에 따라 도덕 기준이 제각각이라는 점이다. 서로가 '옳음'을 강변하니 늘 싸움이 벌어질 수밖에 없다. 이렇듯 정치 참여가 도덕의 문제이자 훌리건을 양산하는 활동이라면, 우리는 극한의 정치적 내전을 운명처럼 감내하고 살아야 하는 걸까?

쉽지 않은 문제지만 충분히 개선될 수 있다. 실험심리학자 조슈아 그린에 따르면 인간의 도덕 판단엔 두 가지 시스템이 병존한다. 하나는 '자동모드', 직관적이고 감정적인 동기다. 다른 하나는 '수동모드', 이성적인 동기다. 우리가 직면한 많은 정치 의제는 정교한 판단과 절묘한 절충을 요구하지만 오늘날 정치 담론은 대개 누군가를 악마화하는 일로 환원된다. 즉, 자동모드에 지나치게 경도되어 있다. 관건은 이분법적 사고를 강요하는 양당제 정치를 탈피하는 것, 그리고 사람보다 의제를 중심으로 담론과 실천을 만들어가는 것이다. 이를 위해 '훌리건'보다 '벌컨'에게 훨씬 많은 발언권을 부여할 필요가 있다. 주목도는 낮지만 사회적 논의가 꼭 필요한 의제들을 더 많은 시민이 볼 수 있도록 해야 하고 이를 위해 아낌없이 공적 자원을 투입해야 한다.

언론이 '정치 고관여층'이라고 부르는 이들 상당수는 사실 정치 과몰입자 혹은 정치 팬덤이다. 그들은 당내 계파 싸움 양상, 여의도 뒷소문에는 빠삭하지만 정작 그 당이 추진한 정책과 역사에 무지한 경우가 많다. 정치가 가치의 쟁론에서 멀어지면서 권력 자체를 위한 내전으로 환원될 때 민주주의는 토대에서부터 무너져내리기 쉽다. 정치 팬덤은 분명 대중의 주체적 활동이지만 동시에 더 깊은 민주주의를 저해하는 왜곡된 정치 현상이다. 엘리트와 팬덤에만 맡겨두기에 정치는 지나치게 중요하다.

다시, 싱가포르 판타지

2023-04-13

11년 전에도 싱가포르 판타지는 또렷했다. 그때 '다문화반대카페' '일간베스트저장소' 등 온라인 극우커뮤니티 담론은 명확히 싱가포르 같은 사회를 지향하고 있었다. 박근혜의 대선 공약은 이를 정치 언어로 순화시킨 것으로, 요약하면 '극단적 물질주의와 강력한 권위주의의 결합'이다.

믿기 어렵겠지만, 11년 전 나는 지금 이 내용의 칼럼을 쓰게 될 것을 예감했다. 18대 대선 직전인 2012년 12월 3일 새벽 4시 26분, '싱가포르 판타지'라는 제목의 칼럼을 《한겨레》에 보냈다. 내용은 다음과 같다. "박근혜 캠프 공약이 지향하는 사회는 싱가포르와 가장 닮았다. 싱가포르는 1인당 국민소득이 세계 최고 수준이며 더없이 청결하고 범죄율도 낮은 사회지만, 중국·북한에 비견될 만큼 민주주의 및 인권 지표가 처참한 사회다. 많은 한국인이 그 나라를 '바람직한 사회'라 여긴다. '우리 안의 싱가포르 판타지'가 박근혜의 힘이다."

송고하자마자 나는 훗날 언젠가 같은 제목의 글을 다시 쓰게 될 거란 느낌에 사로잡혔다. 이건 나중에 만들어진 기억이 아니다. 칼럼 쓸 때 정리되지 못한 감상을 메모하는 습관 덕에, 나는 그날 왜 그렇게 느꼈는지 확인할 수 있었다. "누가 대통령이 되더라도 싱가포르 판타지는 끈질기게 귀환할 테니까."

마침내 그날이 왔다. '시대전환' 조정훈과 열 명의 국회의원은 외국인 가사근로자를 최저임금 적용에서 배제하자는 '1백만 원 외국인 가사도우미 법안'을 발의했다. 싱가포르식 최저임금 차별 제도를 도입하자는 것이다. 국민의힘 박수영·서정숙·유상범·전주혜·조은희·최승재·최형두·태영호 의원, 더불어민주당 김민석·이정문 의원이 공동발의했다. 당연히 논란이 불거졌고 민주당 의원 두 명은 슬쩍 발을 뺐다. 하지만 조정훈은 권성동·조수진 의원을 추가해 재발의했다.

저런 법을 대다수 선진국이 도입하지 않는 데는 다 이유가 있다. 인간이 평등하게 존엄하다는 인류의 합의를 부정할 뿐 아니라, 자체로 국제노동기구 주요 협약의 실질적 위반이기 때문이다. 조정훈과 발의 의원들은 '자국 여성의 경제활동 참여율 및 출산율 제고'를 내세웠다. 과거 홍콩과 싱가포르의 입법 취지와 똑같다. 하지만 실제 효과는 신통찮았다. 홍콩의 여성 경제활동 참여율은 되레 떨어졌고, 싱가

포르에서 여성 경제활동은 늘어났지만 출산율은 변화 없거나 오히려 감소했다.[32]

오세훈 서울시장도 2022년 9월 싱가포르식 가사도우미를 도입하자고 제안한 바 있다. 이런 법안들이 이유 없이 잇따라 나올 리 없다. 한마디로 '외국인 노예'를 쓰고 싶어 하는 한국인이 그만큼 많다는 뜻이다. 그 열망을 절감한 계기는 또 있다. 조정훈 법안을 비판하는 어떤 토론에 달린 댓글이었다. "우리나라 국민이 오히려 외국인 때문에 차별받는다. (…) 국제노동기구 탈퇴하자. 우리나라 국민에게 이득이 없다." 유료 구독 서비스임에도 그는 이 댓글 하나를 달기 위해 굳이 가입했고, 엄청나게 많은 추천을 받았다.

저 말대로 국제규범으로부터 이탈하면 어떤 일이 일어날까. 국제사회가 한국의 결정을 존중한다며 가만히 지켜볼까? 그럴 리가. 외국인 노동착취·인권탄압 국가로 낙인찍힐 테고 이는 교역과 평판으로 먹고사는 나라에 자살행위가 될 것이다. 실현되기 어렵고 실현돼서도 안 될 망상이다. 그렇다고 마냥 웃어넘기기도 찜찜하다. 확실한 것은 이런 제도가 자꾸 언급되는 것 자체가 결코 좋은 신호가 아니라는 점이다.

11년 전에도 싱가포르 판타지는 또렷했다. 그때 '다문화반대카페' '일간베스트저장소' 등 온라인 극우커뮤니티 담론은 명확히 싱가포르 같은 사회를 지향하고 있었다. 박근혜의 대선 공약은 이를 정치 언어로 순화시킨 것으로, 요약하면 '극단적 물질주의와 강력한 권위주의의 결합'이다. 그런데 당시는 공공연히 차별을 선동하는 주장이 적어도 온라인 극우 커뮤니티 바깥에는 많지 않았다. 지금은 다르다. 거의 모든 온라인 공간에서 '싱가포르 같은 나라로 만들자'는 목소리가 노골화하고 있다.[33]

사실 우리에겐 기회가 있었다. 박근혜를 몰아내기 위해 촛불을 들었을 때, 단지 대통령 박근혜를 넘어 '박근혜적인 것'과 결별할 수 있는 문이 어느 때보다 크게 열렸다. 그러나 우리는 끝내 문에 들어가지 않았고 그저 민주당에 정권을 헌납하고 말았다. 그 결과가 지금 우리의 현실이다. 박근혜는 떠났지만 '박근혜적인 것'은 더욱 강성해져 귀환했다. 정확히 말해 그것은 '박근혜적인 것'이라기보다 독재자 리관유가 좇았던 것, 바로 '박정희적인 것'이다.

애도 없는 국가의 애도

2022-11-03

분명한 건 윤석열 정권이 국가애도기간을 지렛대 삼아 시민에게 침묵을 강요하거나 스스로 침묵할 이유를 얻었다는 것이다. 선포 이후 윤 대통령은 출근길 문답도 취소해버리는 등 사실상 공적 소통을 닫아잠갔다. 권력자 누구도 사과하지 않고 책임지려 하지 않으면서 일방적으로 선언된 애도, 이것이야말로 '애도 없는 국가의 애도'이자 전례 없이 폭력적인 사이비 애도다.

이태원 참사를 기억하기 위한 추모 공간.

이태원 참사 속보를 지켜보면서 애꿎은 목숨과 기구한 운명이 안타까워 몇 시간을 멍하니 보냈다. 더욱 괴로웠던 건 10대 때 세월호 참사를 보며 트라우마가 남은 세대가 20대가 되어 다시 이런 사고를 겪게 된 점이다. 이들 중 상당수는 코로나 팬데믹으로 학창 시절 역시 정상적으로 보내지 못한 세대다. 그 새벽 한없이 슬픔에 가까웠던 감정은 그러나, 어떤 사람들이 입을 열면서 변하기 시작했다. 대통령 윤석열, 행정안전부 장관 이상민, 용산구청장 박희영이다.

박희영 용산구청장은 "이건 축제가 아니"라면서 "행사의 내용과 주최측이 없는, 그냥 핼러윈 데이에 모이는 일종의 '현상'이라고 봐야 한다"고 말했다. 박 구청장이 저렇게 말한 이유는 주최가 있는 축제의 경우 지방자치단체에 법적 관리 책임이 있기 때문이다. 즉, 자신에겐 아무런 책임도 잘못도 없다는 주장이다. 이보다 더 많은 논란과 공분을 일으킨 발언도 나왔다. 이상민 행정안전부 장관이다. 그는 "경찰이나 소방인력을 미리 배치함으로써 해결될 수 있었던 문제는 아니었던 것으로 파악하고 있다"고 말했다.

그렇지 않다. 만약 경찰 인력이 적소에 배치돼 원활한 군중 흐름을 유도했다면 사고를 충분히 피할 수 있었다. 이날 대다수 경찰이 도심 집회에 차출돼 이태원파출소 인력만으로는 10만여 인파에 전혀 대응할 수 없었다. 10여 년 전부터 핼러윈 기간 이태원에 엄청난 사람들이 몰린다는 사실은 너무나 잘 알려져 있다. 예상 못했다는 건 어불성설이다.

그래서 《뉴욕 타임스》도 '완벽하게 막을 수 있었다Absolutely Avoidable'라는 제목의 기사를 냈던 것이다. 더구나 사고 발생 네 시간 전부터 이미 현장에서 열한 건의 압사 위험 신고가 경찰에 접수됐다는 사실도 뒤늦게 밝혀졌다. 이 장관 발언은 거짓일 뿐 아니라 용납할 수 없는 책임 회피다.

가장 문제적인 발언은 윤석열 대통령의 '국가애도기간' 선포다. 이는 세월호 참사 등 주요 재난에서도 나오지 않았던 것으로, 천안함 참사 당시 딱 한 번 선포된 적이 있다. 이에 따라 공연과 행사가 줄줄이 취소돼 문화예술인들이 고통을 감내하게 됐다. 또 정치적 책임을 묻는 목소리에 '애도기간엔 자중하라'는 압력이 가해지면서 '애도의 계엄령'이란 말이 소셜미디어에 퍼지기도 했다(표현의 정확한 출처는 찾지 못했다). 물론 지키지 않는다 해서 실제 계엄령처럼 처벌받진 않기에 과도한 비유이긴 하다. 그러나 분명한 건 윤석열 정권이 국가애도기간을 지렛대 삼아 시민에게 침묵을 강요하거나 스스로 침묵할 이유를 얻었다는 것이다. 선포 이후 윤 대통령은 출근길 문답도 취소해버리는 등 사실상 공적 소통을 닫아잠갔다. 권력자 누구도 사과하지 않고 책임지려 하지 않으면서 일방적으로 선언된 애도, 이것이야말로 '애도 없는 국가의 애도'이자 전례 없이 폭력적인 사이비 애도다.

국가애도기간은 윤석열 정권의 본질을 드러냈다. 한마디로 '무책임의 체계'다. 무책임의 체계는 알려졌듯 정치학자

마루야마 마사오가 만든 말로, 전쟁 책임을 아무도 지지 않는 일본 사회의 구조적 병폐를 가리키는 개념이다. 윤석열 정권은 출범 이후 지금까지 권한을 무한대로 누리려 들면서 일체의 책임은 거부해왔다. 정치적 책임을 물으면 늘 실정법 뒤에 숨어 "법적 책임이 없다"고 뻗대는 게 다반사였다. 대통령이 통치하는 나라가 아니라 검사, 율사가 통치하는 나라로 느껴지는 이유도 여기에 있다.

정치적 책임은 법적 책임과는 다르며 총체적인 성격을 띤다. 특히 정치지도자의 사과와 책임지는 태도는 사회 통합을 강화하기 위한 고도의 정치 행위이자 사회적 의례이기에 중요하다. 잘 훈련된 정치가들은 사과를 적시에, 적절한 방식으로 언어화한다. 재난에 대한 그들의 반응이, 공동체 구성원이 서로 연결돼 있다는 인식에 직접 영향을 끼친다는 사실을 잘 알기 때문이다. 그런데 윤석열 정권은 되레 법을 무기 삼아 정치의 고유한 차원을 집요하게 지워나갔다. 이러한 '반정치의 법치'는 무책임의 체계와 동전의 양면을 이뤄 한국의 민주주의 자체를 위협하고 있다.

이제 한 명의 주권자로서 선포한다. 애도 없는 국가의 애도, 침묵을 강요하는 사이비 애도를 단호히 거부한다. 국가 애도기간은 이미 '시민공분기간'으로 전환됐다. 책임져야 할 자들에게 책임을 물어야 할 시간이 왔다.

요정 윤석열

2022-09-08

자기 의지가 잘 느껴지지 않는 존재는 크게 두 가지로 분류돼왔다. 꼭두각시이거나, 요정(천사)이거나. 꼭두각시는 다른 인간의 조종을 받지만 요정은 초월자의 신성한 목적을 따른다. 감히 1,630만 명 넘는 시민의 지지를 받은 사람을 꼭두각시라고 생각하긴 어려우므로 요정설을 택할 수밖에 없다. 그렇다. 대통령 윤석열은 한국 사회를 각성시키기 위해 나타난 요정인 것이다.

윤석열 대통령의 과거 술자리 사진에 말풍선 바꿔 붙이는 놀이가 온라인에 유행했다. 이를테면 이런 식. "각하, (수도권에 비가) 3백 밀리미터 왔다고 합니다." "난 5백 시켰는데?" 영국 주간지 《이코노미스트》가 윤 대통령을 비판하는 기사를 싣고 난 다음엔 이랬다. "각하, 《이코노미스트》를 압수수색해야 할 것 같습니다." "오코노미야키 먹고 싶다고? 어, 시켜, 시켜." 윤 대통령 지지자들과 몇몇 신문은 정색하며 '가짜뉴스'라고 비난한다. 그러나 저런 건 가짜뉴스가 아니라 풍자의 영역이다. 게다가 가짜뉴스 운운하며 호들갑을 떠는 바람에 몰랐던 사람들까지 '윤석열밈'을 전부 찾아보게 됐다.

모든 정치인은 조리돌려질 운명에 처한다. 에이브러햄 링컨도, 앙겔라 메르켈도 피할 수 없다. 다만 윤석열밈에는 조금 구별되는 특징이 있는데, 윤석열의 '정치'에 대한 풍자가 아니라 '탈정치' '비정치' '무정치'에 대한 조롱이라는 점이다. 특히 술과 관련한 조롱이 많다. 물론 업무에 지장을 줄 정도가 아니면 술 좋아하는 건 사생활에 속한다. 문제는 대통령에게서 정치의 의지가 별로 느껴지지 않는다는 점이다. 담대한 비전은커녕 하고 싶은 일조차 없어 보인다. 시민들은 이런 대통령을 뉴스로 접하며 당혹감과 자괴감이 든다. 저 사나이는 대체 왜 대통령이 되려 한 걸까.

역사적으로 자기 의지가 잘 느껴지지 않는 존재는 크게 두 가지로 분류돼왔다. 꼭두각시이거나, 요정(천사)이거나. 꼭두각시는 다른 인간의 조종을 받지만 요정은 초월자의 신성한 목적을 따른다. 감히 1,630만 명 넘는 시민의 지지를 받은 사람을 꼭두각시라고 생각하긴 어려우므로 자연스럽게(?) 요정설을 택할 수밖에 없다. 그렇다. 대통령 윤석열은 한국 사회를 각성시키기 위해 나타난 요정인 것이다. 지금 상황은 마치 "이래도 제왕적 대통령제 계속할 거야? 낡은 헌법 안 바꿀 거야? 이래도?"라고 다그치는 것처럼 느껴진다.

집권 초 지지율이 이렇게 낮은 경우도 이명박 정부 이후 처음이다. 기억하는 이들도 많을 것이다. 이명박, 그는 '최초의 요정 대통령'이었다. 당선되자마자 미국산 쇠고기 수입을 강행했고 광우병 논란이 일어나며 시민들이 광장에 쏟아져나와 촛불시위를 벌였다. 그때 나온 농담이 '이명박 요정설'이었다. 그는 사실 정치에 무관심한 시민들을 흔들어 깨울 민주주의 요정이라는 것이다. 요정설은 이후로도 이어져서 박근혜 탄핵 당시에도 박 대통령이 '민주주의 요정'이란 이야기가 나왔다. 그래도 저 둘은 윤 대통령에 비하면 자기 주관이 있긴 했다. 문재인 대통령은 요정설이 나오진 않았지만 결과적으로 윤석열이라는 요정을 불러내는 '요술램프'가 됐다.

대통령 요정설이 반복되는 것 자체가 일종의 징후다. 6공화국 헌법은 이미 시효를 다하고 온갖 문제를 양산한 지 오래다. 흔히 제왕적 대통령이라며 대통령의 비대한 권력을 비판하곤 하지만, 꼼꼼히 들여다보면 헌법이 제왕적 대통령제를 만들었다고 보긴 어렵다. 초헌법적 사면권 같은 기이한 법률 등을 제하면 실무 권한에는 한계가 뚜렷하다. 엄청난 일 중독자였던 노무현 전 대통령은 "대통령 되고 나니 밖에서 볼 때와 달리 할 수 있는 일이 생각보다 많지 않다"고 토로하기도 했다. 하지만 사람들은 여전히 대통령에게 과도한 열망을 투사한다. 공화정의 대통령을 세종·정조 같은 봉건시대 왕에 비유하거나 동일시하는 시민들도 많다. 심지어 전문가, 지식인이라는 자들도 그런 글을 쓴다.

높은 기대에 맞게 대통령 권한을 확대하자는 얘기가 아니다. 권한을 줄이고 그에 맞춰 기대도 줄이자는 거다. 특히 사면권은 반드시 폐지해야 한다. 그런데 여기까지 오면 사실 대통령제를 유지할 이유가 별로 없다. 그럼 내각제로 가면 문제가 해결될까? 그럴 리가. '대통령제냐 내각제냐' 같은 질문은 전형적인 가짜 질문이다. 흔히 개헌을 내각제와 같이 묶곤 하지만, 내각제도 단점이 없지 않다. 현 상태로 대통령제를 폐지하고 내각제로 가면 혼란이 커질 수도 있다. 개헌의 핵심은 따로 있다. 뿌리 깊은 승자독식형 권력구조의 해체다. 특히 견제받지 않는 권력들, 예컨대 검찰총장, 경찰청장도 선출직으로 바꾸고 선출된 권력에 대한 시민 소환권 및 탄핵권을 강화하는 게 중요하다. 나태한 권력, 부패한 권력을 시민이 즉각 끌어내릴 수 있어야 한다. 윤석열 요정설에 일말의 의미가 있다면 바로 그것이다.

정의당을 위한 변명

2022-06-16

'정의당은 왜 망했는가?' 많은 답변이 가능하겠지만, 큰 틀에서 결국 하나로 수렴한다. 기득권 거대 양당과 차별화된 모습을 보여주지 못했기 때문이다. 더 적나라하게 표현하면, '민주당 식민지'로 인식됐기 때문이다. 그런데 이렇게만 말하면 공정하지 않다. 진보정당이 독자노선을 강하게 보일수록, 혹독한 대가를 치른 선례들이 있다.

글 쓸 때 망설이지 않고 에두르지도 않지만, 이번엔 망설였다. 정의당 당원도 아닌데 말해도 될까? 20년 넘게 진보정당 당원이었고 정의당보다 왼쪽에 있던 사람으로서, 동료 정당에 왈가왈부하는 건 주제넘게 느껴지기도 한다. 그럼에도 운을 떼는 것은 정의당에 대한 고민들이 한국 사회의 진보와 직결된다고 믿기 때문이다.

'정의당은 왜 망했는가?' 많은 답변이 가능하겠지만, 큰 틀에서 결국 하나로 수렴한다. 기득권 거대 양당과 차별화된 모습을 보여주지 못했기 때문이다. 더 적나라하게 표현하면, '민주당 식민지'로 인식됐기 때문이다. 이는 흔하게 쓰이는 '민주당 2중대' 비유와는 결이 다르다. '2중대'는 시키는 대로 하는 조직이므로 일말의 주체성도 없다. '식민지'는 다르다. 본국과 따로 떨어져 있지만 본질적으로 종속돼 있다.

평소 민주당과 대립각을 종종 세우는 정의당은, 결정적 순간 민주당 식민지가 되곤 했다. 대표적 예 중 하나가 조국 사태다. 청년, 약자, 소수자가 겪는 차별과 불평등한 사회구조를 바꿔야 한다고 강조해왔던 정의당이 놀랍게도 조국 법무부 장관을 두둔한 것이다. 이후 정의당 지지율도 떨어졌는데, 지지율 수치보다 중요한 건 상징성의 추락이었다. '장기 조국 사태'라 할 정도로 사태의 여파가 이어지면서 이 패착은 회복 불가능했다. 이후 정의당이 아무리 공정과 평등을 말해도 대다수 시민들은 비웃게 됐다.

그런데 이렇게만 말하면 공정하지 않다. 과거 경험이 있기 때문이다. 구체적으로 말해 진보정당이 독자노선을 강하게 보일수록, 혹독한 대가를 치른 선례들이 있다. 2010년 지방선거에서 오세훈 당시 한나라당 서울시장 후보가 0.6퍼센트 차이로 재선에 성공하자 서울시장 선거를 완주했던 진보신당 노회찬 후보가 엄청난 비난을 받았다. 성장세였던 진보신당의 기세도 꺾였다. 반면 종북 논란을 일으킨 당시 잔류 민주노동당 세력은 야권 연대에 결합하며 이득을 쏠쏠히 챙겼다.

막연히 진보라 자임하는 시민들은 말한다. "왜 진보좌파는 단일 정당을 만들지 못하고 갈등과 분열만 일삼나!" 지당한 말씀이다. 차이를 잠시 유보하고 '큰물'부터 만들어야 하는데, 왜 그걸 못할까? 그걸 못한 이유는, 같은 당 사람들 정보를 북조선에 넘기고('일심회' 사건) 경선 조작을 일삼는 (통합진보당 사태) 사람들이 부지기수이기 때문이다. 이들은 의견·이념이 다른 게 아니라 민주주의 원칙과 최소한의 상식도 통하지 않는다는 점에서 함께 뭔가를 도모하는 게 불가능하다. 사회 전체로 보면 극소수지만 좁은 진보좌파 진영에서는 이들이 다수라는 게 문제다. 원래 밖에서 훈수 둘 때는 게임이 참 쉬워 보이는 법이다.

내적 요인만 있는 것도 아니다. 위성정당 사태에서 또다시 드러났듯 진보정당의 성장을 막는 절대 조건은 양당 독점-지대 추구 정치 시스템이다. 어떤 면에서는 정의당이 이 정도라도 하는 건 당원과 지도부의 기량 때문이다. 그러나 개인기로 막는 데도 한계가 있다. 양적 성장이 없으면 결국 사람만 소진돼 떨어져나갈 뿐이다.

혹자는 정의당이 정체성 의제와 여의도 고공정치에 매몰돼 지역과 현장에 소홀해서 망했다고 주장하지만, 온전히 동의하기 어려운 평가다. 페미니즘, 차별금지법 등 정체성 정치에 정의당은 당연히 몰두해야 한다. 오히려 지금도 턱없이 부족하다. 정의당은 계급, 젠더, 생태 중 어느 하나도 소홀히 할 수 없다. 그게 진보정당의 존재 이유이기 때문이다. 부족한 점이 없지 않겠으나 정의당 당원들은 헌신적이며 지역 의제에도 상당히 밀착해 있다. 물론 이른바 '중앙'과 '현장'을 매개하는 조직이 약하다 보니 어쩔 수 없이 원내 활동으로 집중되는 경향이 생겼지만, 이는 당의 기본 체질이기도 해서 쉽게 해소되긴 어렵다.

그런 면에서 지역 의제에 집중하는 지역 정당 논의에 눈길이 간다. 이상한 한국 정당법 때문에 지금은 불법이지만, 지역 정당은 서울중심주의를 극복하기 위해서도 반드시 필요하다. 정의당을 포함한 진보정당은 중앙집중형 정당이 아닌 지역분권형 정당도 미래 모델로 고민해볼 필요가 있다.

확실히 근본적 변화가 필요한 시점이다. 그럼에도 강조하고 싶다. 정의당 사람들이 정의당보다 훨씬 중요하다. 세상을 바꾸기 위해 더 어려운 길을 택했던 그들이 조금 덜 아프기를, 그래서 조금 더 앞으로 나아갈 수 있길 기원한다.

비호감 선거, 게으른 정치

2022-03-10

20대 대선에서 여성이 배제되고 대형 의제가 실종된 이유는 무엇일까. 대통령을 꿈꾸는 정치인들이 정작 공동체의 오늘을 절실하게 아파하지 않기 때문이다. 공동체의 내일을 절박하게 고민하지 않기 때문이다. 그렇게 해도 지지자와 팬덤이 묻지도 따지지도 않고 표를 주기 때문이다.

대통령 선거가 끝났다. 정리가 필요한 시점이다. 후보 당선의 정치적 의미 같은 이야기는 생략한다. 전문가들이 똑 부러지게 분석해줄 것이다. 그보다 나는 이번 선거가 과연 어떤 사건이었는지 총체적으로 들여다보는 일에 관심이 있다. 역대급 비호감 선거라는 이번 선거는 상당히 높은 투표율과 함께 양강 후보가 총득표수의 95퍼센트 이상을 갈라 먹고 끝났다. 가만히 생각해보면 무척이나 이상한 일이다. 둘 다 싫다면서, 사람들은 왜 굳이 둘 중 하나를 선택하는 것에 이토록 진심인가. 20대 대선은 우리에게 도대체 무엇이었

는가.

 이번 대선도 여느 선거들처럼 막말과 폭로의 수라장이었다. 그런데 이전과 명확히 구분되는 두 가지 특징이 있었다. 하나는 '여성 배제'다. 얼마 전 《한겨레》가 적확히 명명했듯, 20대 대선은 여성 배제가 전면화한 선거다. 단언컨대 지금까지 이런 대선은 없었다. 페미니즘에 대한 일부 남성의 반발을 정치세력이 적극적으로 이용하면서 여성에 대한 집단적·정치적 공격이 극에 달했다. 윤석열-이준석과 국민의힘이 선두에 섰지만, 민주당도 만만찮았다. 김남국 민주당 의원은 노골적으로 '안티페미 이대남'에게 러브콜을 보냈다.

 여성 배제 정치가 전면화된 배경에는 정치적 실용주의와 정치적 부족주의가 있다. 혐오와 차별이 돈이 되고 표가 된다는 것을 알아챈 정치인들이 시민을 끝없이 갈라치기하며 공화국을 '부족 집단'으로 해체하려 들었기 때문이다. 사실상 이번 20대 대선을 주도한 담론은 젠더 담론이었다. 그런데 한국의 공영 방송사 등 소위 메이저 언론은 논란에 휘말릴 것을 우려해서인지 비판은 고사하고 언급하기조차 꺼리는 듯 보였다. 오히려 CNN 등 국외 언론이 이 문제를 더 정확히 취재하고 보도했다. 이번 대선에서 벌어진 추악한 여성 배제와 이에 대한 주요 언론의 책임 방기는 똑똑히 기록되어야 한다.

 이번 대선의 또 다른 특징은 대형 의제의 실종이다. 이번 대선에서는 과거 경제민주화 같은 공동체의 미래를 제시하는 큰 담론이 보이지 않았다. 대신 소확행 공약 같은 생활밀착형 정책들이 자주 오르내렸다. 물론 대형 의제가 사라진 상황을 언급한 언론이 없지는 않았다. 하지만 배경이나 원인을 꼼꼼하게 분석한 경우는 드물었다. "왜 대형 의제가 보이지 않느냐"는 세간의 비판에 대해서 이재명 후보 쪽은 "메가 슬로건(거대 공약)이 먹히는 시대는 끝났다"며 "지금부터는 다양한 정책 공약을 살라미 방식(과제를 세분화해 하나씩 해결해나가는 방식)으로 제시해야 한다"고 말한 바 있다.

일리는 있으나 충분한 대답은 아니다. 부족한 식견을 지적받아온 윤석열 후보야 말할 것도 없고 이재명 후보도 산적한 국가 현안에 대해 과거와 구별되는 정교한 정책을 선보이지 못했기 때문이다. 특히 기후위기와 인구절벽이라는 초대형 의제에 관한 이들의 공약은 과거의 것을 그대로 '붙여넣기'하거나 원론적인 이야기를 반복하는 수준이었다. 한마디로 말해서 대형 의제도 없으면서 디테일한 각론도 제시하지 못했다.

과거와 똑같이 대응하면 똑같은 결과만 나올 뿐이다. 예컨대 저출생 대책을 보자. 2020년 기준으로 15년간 225조 원의 재정을 쏟아부었음에도 2021년 합계출산율은 불과 0.81명이었다. 들이붓는 돈은 점점 커지는데 수치는 해가 갈수록 점점 떨어진다. 역사상 이렇게 오랫동안, 압도적으로 실패한 정책이 있었나 싶을 정도로 처참했다. 실패한 정책에 대한 근본적 재검토와 전환이 있어도 해결을 장담하기 어려운 판에, 대선 후보들은 "참으로 큰 문제입니다만 그냥 하던 대로 하겠습니다"라고 한다. 이런 안이한 대응으로 사태가 나아질 리 없다.

20대 대선에서 여성이 배제되고 대형 의제가 실종된 이유는 무엇일까. 대통령을 꿈꾸는 정치인들이 정작 공동체의 오늘을 절실하게 아파하지 않기 때문이다. 공동체의 내일을 절박하게 고민하지 않기 때문이다. 그렇게 해도 지지자와 팬덤이 묻지도 따지지도 않고 표를 주기 때문이다. 더 본질적인 이유는 따로 있다. 단지 내가 싫어하는 후보가 낙선하는 데서만 효능감을 느끼는 정치 때문이다. 저쪽이 더 나쁜 놈이라는 확신을 지지자에게 심어줄 수 있으면 한쪽이 쉽게 권력을 쥐는 이 지긋지긋한 기득권 양당정치 구조를 바꾸지 않는 한 앞으로도 비호감 대선은 계속될 것이다.

아직도 모른다

2021-04-01

노무현 정부 부동산 정책이 불신의 대상이었다면, 문재인 정부의 부동산 정책은 조롱의 대상이다. 사회적 신뢰를 이렇게 짓밟아놓고, 지지율이 폭락하니 이제 와 부동산 적폐 청산에 전력을 다하겠단다. 마치 자기들이 남을 단죄할 자격이 있다는 듯이. 그렇다. 저들은 아직도 모르는 것이다. 이미 자신이 적폐의 일부라는 것을.

정책의 비일관성, 정부에 대한 신뢰 붕괴 등으로 인해 서울 집값이 폭등했다.

기자 시절 '헨리 조지'라는 이름을 참여정부 관계자에게 처음 들었다. 노무현 대통령이 어떻게 부동산 문제를 해결하는지 지켜보라며, 그는 주먹까지 불끈 쥐어 보였다. 너무 오버 아닌가 싶었지만 응원하는 마음도 있었다. 어쨌든 세상을 더 낫게 바꾸려 한다는 걸 느꼈기 때문이다. '딴 건 몰라도 부동산은' 하고 기대하게 된 계기였다.

정말로 기대한 이유는 따로 있었다. 여론조사를 하면 많은 시민들이 정부 개혁에 지지를 보냈기 때문이다. 당시 조·중·동(조선일보·중앙일보·동아일보)은 종합부동산세(종부세)를 두고 연일 '세금폭탄론'으로 지면을 폭격하고 있었다. 국민적 조세저항이라도 일어난 듯한 분위기였다. 하지만 사실 종부세 여론은 우호적이었다. 2004년 11월 한국사회여론연구소 조사에서 종부세에 찬성한 비율은 무려 86.9퍼센트였다. TNS코리아에서 실시한 2005년 8월 부동산 정책 관련 국민여론조사에서 '부동산에 거품이 있다'에 90.5퍼센트가 동의했고, '1가구 1주택이어도 고가 주택이면 예외 없이 종부세를 부과해야 한다'는 의견이 55.1퍼센트로, '장기 보유자 등에 예외가 필요하다'는 의견(27.6퍼센트)의 두 배에 이르렀다. 그래서 나는 정부의 정책들이 힘을 받을 거라 생각했다.

이후에 벌어진 사태는 다들 아는 바와 같다. 노무현 정부 후반기에 부동산 시장은 정부를 비웃듯 반대로 움직였다. 지켜보면서도 얼른 납득이 가지 않았다. 부동산 거품 잡는 게 국민들 염원인데 아무리 투기세력이 반발한다지만 이 정도로 '약발'이 안 들을 수가 있나? 답답한 의문이 한동안 사라지지 않다가, 훗날 5년간의 정책을 시간순으로 하나하나 짚어보다 깨달았다. 다 이유가 있었다.

문제는 정책의 비일관성이었다. 2003년 10·29 대책이 발표되고 집값 상승세가 살짝 약해지자마자(떨어진 게 아니었다), '부동산 규제 완화' '경기 활성화' 주장이 여당에서 쏟아져나왔다. 조변석개로 뒤집히는 정부 여당의 기조는 5년짜리 정권의 가장 중요한 자산을 뭉텅뭉텅 허물었다. '신뢰'라는 자산 말이다. 신뢰의 붕괴는 걷잡을 수 없는 집값 폭등으로 되돌아왔다. 정부 여당이 언제든 개혁을 틀어버릴 수 있다는 것이 드러나자, 사람들은 이제 콩으로 메주를 쑨다고 해도 믿지 않았다. 한국은 가뜩이나 공공성 수준이 경제협력개발기구 국가들 중에 가장 낮은 나라다.[34] 정부 말만 믿다 손해 본 사람들의 분노는 망설이던 사람들의 공포에 불을 댕겼다. 소위 '패닉 바잉'이었다.

이제 문재인 정부의 부동산 잔혹극을 보자. 토지공개념, 헨리 조지, 우호적 여론, 세금폭탄 논란, 신도시 발표, 여당의 부동산 규제 완화 주장……. 실패 과정이 참여정부와 거의 비슷하다. 정책 지휘자가 김수현이라는 점까지 같다. 그런데 완전히 똑같지는 않다. 더 나쁜 형태로 같은 실패를 반복했다는 점에서 문재인 정부·민주당은 노무현 정부·열린우리당의 열화 복제판이다.

이번에도 여론의 다수는 보유세 강화에 찬성이었다. 시민들은 정부 여당이 부동산 광풍을 잡아주길 바랐다. 그런데 20대 국회 때 더불어민주당은 어땠나? 종부세법 개정에 어떤 의지도 보이지 않았고 결국 임기 만료로 법안은 폐기됐다. 21대 총선에 출마한 민주당 후보들은 공약으로 '1주택자 종부세 감면'을 내걸어 종부세 강화는커녕 무력화에 앞장섰다. 청와대 민정수석은 고위공직자 1가구 1주택 원칙이 나오자 다주택을 처분하는 대신 사퇴를 택했다. 청와대 정책실장은 전세보증금 인상률을 5퍼센트로 제한한 임대차법 시행 직전 본인 주택 전세보증금을 14퍼센트 인상했고, 이 사실이 밝혀진 다음 날 청와대를 떠났다. '세월호 변호사'로 유명한 민주당 국회의원도 자신이 대표발의한 임대차법안이 적용되기 전에 본인 주택 임대료를 9퍼센트 올렸다. 시세보다 싸니 문제없다는 변명도 나온다. 그러나 문제는 시세가 아니라 시점이고, 시점이야말로 저들 행태의 본질이다.

　노무현 정부 부동산 정책이 불신의 대상이었다면, 문재인 정부의 부동산 정책은 조롱의 대상이다. 사회적 신뢰를 이렇게 짓밟아놓고, 지지율이 폭락하니 이제 와 부동산 적폐 청산에 전력을 다하겠단다. 마치 자기들이 남을 단죄할 자격이 있다는 듯이. 그렇다. 저들은 아직도 모르는 것이다. 이미 자신이 적폐의 일부라는 것을.

토건정치 너머

2021-03-04

'균형발전' '지방소멸' '압축도시' 등 그간 수도권과 지방 격차에 대한 수많은 담론과 정책들이 나왔지만 눈에 보이는 성과는 별로 없었다. 공허한 말의 성찬들 속에서 정부는 도시재생이란 명목으로 다시 개발 중심·공급 중심 정책을 펴거나 가덕도 신공항처럼 정치공학적 토건사업을 반복하고 있다.

부산에 살던 청소년 시절에는 늘 콩나물시루 같은 만원버스에 매달린 채 등교했다. 그래서 요즘 이 도시의 스산한 풍경은 볼 때마다 낯설다. 한때 한국 최대 직할시의 시청이 있었고 국제영화제의 심장부였던 중구 인근 골목들은 밤이 되면 유령도시처럼 으스스해진다. 아시아 최대 규모가 된 영화제의 주요 행사도 더 이상 남포동에서 열리지 않는다. 지금은 북동부 지역, 해운대와 기장이 부산의 중심이자 '강남'이다. 문제는 도심의 이동이 아니라 도시 전체가 비어가고 있다는 점이다.

얼마 전 부산 어느 대학교는 경영난을 이유로 학교 청소용역 노동자들을 해고했다. 대신에 총장, 교수, 교직원들이 학교 청소를 한다고 한다. 지방의 다른 대학들 사정도 크게 다르지 않거나 더 나쁘다. 학기가 시작되었지만 학생이 없다. 숱한 대학들이 정원 미달이다. 광주의 어느 대학은 신입생에게 아이폰과 에어팟을 준다고 했음에도 올해 정시 경쟁률이 0.8 대 1에 그쳤다고 한다.

시설 좋은 병원들도 대부분 서울과 경기도에 몰려 있다. 청년들만 서울로 가는 게 아니라 몸이 아픈 노인들도 수도권으로 간다. 문화인프라는 말할 것도 없다. 그러니 형편만 되면 서울로 가고 지방엔 사람이 남아나지 않는다(25년 전 상경한 나도 예외는 아니다). 수도권 일부와 세종시를 제외하고 모든 지역들이 비슷한 상황이다. 그 와중에 서울 인구 폭증을 막는 건 성층권을 뚫어버린 집값 정도다.

'균형발전' '지방소멸' '압축도시' 등 그간 수도권과 지방 격차에 대한 수많은 담론과 정책들이 나왔지만 눈에 보이는 성과는 별로 없었다. 공허한 말의 성찬들 속에서 정부는 도시재생이란 명목으로 다시 개발 중심·공급 중심 정책을 펴거나 가덕도 신공항처럼 정치공학적 토건사업을 반복하고 있다. 이런 측면에서 정의당 심상정 의원이 "가덕도 신공항은 문재인 정부의 '4대강 사업'"이라고 비판한 것은 큰 틀에서 옳은 이야기였다. 신공항 건설이 야기할 생태환경 파괴 또한 무시할 수 없는 문제다.

그러나 이런 생각도 든다. 민주당이나 국민의힘이 똑같은 토건세력이고 그들의 정책이 틀렸다고 얘기하려면, 적어도 그들과 차별화된 대안을 내놓아야 하지 않을까. 신공항 추진 과정 자체가 문제임은 말할 것 없지만, 그럼에도 그런 정치공학적 술수를 가능하게 한 사회적 조건에 대한 대응은 필요하다. 수도권과 지방 격차, 그 격차에서 비롯한 지방민의 울분은 어제오늘 일이 아니다. 정의당을 포함한 진보정치 세력이 민주당과 국민의힘이라는 양대 토건정치 세력의 대안이 되려면 토건 반대만으로는 부족하다. 현실적으로도 일체의 토건사업 없는 지방 활성화는 불가능에 가깝다. 그러니 토건 일변도가 아닌 종합적인 대책을 꺼내 보여야 한다. 실현 여부야 차치하더라도, 대중의 언어로 작성된 비전과 로드맵 정도는 제공해야 시민들도 지지할 명분이 생길 게 아닌가.

2019년 노벨 경제학상 수상자 아비지트 배너지와 에스테르 뒤플로는 오랜 현장연구를 통해 가난한 사람이 우둔하기는커녕 매우 합리적으로 행동한다는 사실을 밝혀냈다.[35] 또한 이들은 빈곤을 줄이기 위해서는 합리적인 가난한 사람들이 직접 지역공동체 운영에 참여하는 게 중요하다고 말한다. 관건은 목소리 큰 소수가 아닌 다수를 가급적 많이 참여하게 만드는 규칙을 고안하는 것이다. 만약 목소리 큰 소수를 제어하지 못하면 소위 '과두제의 철칙'이 작동해 그들 이익에 봉사하는 사업만 추진되기 때문이다.

배너지와 뒤플로는 인도네시아 크차마탄 개발 프로젝트를 사례로 든다. 프로젝트 초기에 마을 총회에 참석하고 발언한 사람들은 전부 마을의 유지였다. 그러나 규칙을 조금 바꿔 무작위 선발된 주민들을 참석하게 하자 회의가 활발해졌음은 물론, 비판적이며 공익적인 의견이 나와서 마을 발전에 더 도움이 되었다.

수도권과 지방 격차 문제에서도 이런 관점은 필수적이다. 소수의 지역 토호, 관료, 학자, 거대정당 소속 정치인들이 지역 발전 논의를 주도하면, 역시 과두제의 철칙에 따라 지방 내부의 양극화만 심화하고 가장 힘든 지역 주민의 삶은 그대로일 가능성이 크다. 그러니 토건정치를 넘어서는 진보적 대안에는 무엇보다 지역 격차의 계급성, 그리고 지방자치-민주주의를 가장한 과두제에 대한 치밀한 고려가 담겨야 할 것이다.

그것은 민주주의가 아니다

2020-12-10

아감벤의 말을 좇아 진정한 정치를 요구하며 모두가 마스크 거부 운동을 벌이면 어떤 일이 벌어질까? 민주주의는 정치적 권리의 평등을 보장하는 체제지만, 모든 의견의 평등을 보장하는 체제가 아니며 그래서도 안 된다.

질병의 대유행은 새삼 민주주의의 의미를 되묻게 만들었다. 《호모 사케르》로 명성을 얻은 철학자 조르조 아감벤은 지난 10월 발표한 글 〈얼굴과 마스크〉에서 이렇게 말한다. "(동물과 달리) 오직 인간만이 얼굴을 꾸미고, 자신과 다른 기본적인 경험을 가진 타인들과 의사소통한다." 또 그는 "진정한 의사소통은 얼굴에 기반을 두고 있"으며 "마스크로 자국 시민의 얼굴을 가려 스스로의 얼굴을 포기하기로 결정한 나라는 자신에게서 모든 정치적 층위를 지워버린 나라"라고 주장했다.

이 글은 즉시 격렬한 논란에 휩싸였다. '코로나19로 전세계가 팬데믹에 직면한 상황에서 유명한 학자가 마스크를 쓰지 말라고 대중을 선동한다'는 비판이 나왔다. 한편에선 '코로나를 빌미 삼아 국가가 시민의 정당한 권리를 통제하고 억압하는 일이 현실에서 일어나고 있다'면서 정치가 위축될 것을 우려하는 아감벤의 말을 경청해야 한다는 목소리도 있다.

유럽의 철학자가 인간의 얼굴에 특별한 철학적 의미를 부여하는 것이 이상한 일은 아니다. 예컨대 에마뉘엘 레비나스는 타자와의 관계를 구체적인 '얼굴의 현현'으로 사유한 대표적인 철학자였다. 문화적으로도 유럽인과 미국인은 얼굴을 가리는 일을 불쾌하거나 떳떳하지 못한 일로 여기는 것 같다. 그러나 마스크가 강제된다고 정치가 불가능해진다는 식의 주장은 동서양의 문화 차이를 감안해도 억지스럽다. 무엇보다 그것은, 권력에 굴복하는 듯 보이지만 실은 면종복배를 일삼아온 인민의 창조적 저항 역량을 과소평가하는 관점이다.

한상균 전 민주노총 위원장은 페이스북에 "백신 마피아가 우리 삶 깊숙이 파고들고 있지만 한국 사회는 너무나 조용하다"고 썼다. 거기에 작가 목수정 씨는 "'재벌, 정부, 언론' 삼각구도의 카르텔이 버텨주는 한 조용하겠죠"라고 댓글을 달았다. 특히 목수정 씨의 경우, 소셜미디어 등에서 최근 코로나 백신이 제약회사들의 음모라는 주장을 적극적으로 유포해온 장본인이다.

한상균 전 위원장의 우려는 단지 백신 음모론 때문만이 아닐 거라 짐작한다. 국제노동기구 ILO의 권고를 무시하며 '노동법 개악'을 밀어붙이는 문재인 정권에 대한 분노, 그리고 이를 반대하는 노동자들의 집회마저 축소·금지되는 상황에 대한 문제의식도 아마 포함되어 있을 것이다. 확실히 코로나19의 세계적 유행은 사회적 동물로서 인간의 역량에 심대한 상처를 입혔다. 자유롭게 모이고, 마음껏 떠들고, 깃발을 들고 행진할 수 있는 권리가 전례 없이 침해됐다. 실제 몇몇 나라에서는 코로나 상황 이후 시민에 대한 국가의 물리적 폭력과 통제가 극심했다. 이것이 단지 보건상의 위기가 아니라 사회적 위기임은 분명하다. 그런 측면에서 목수정, 한상균, 그리고 아감벤의 주장이 아예 무의미한 헛소리는 아니다. 같이 이야기해볼 여지가 없지 않다.

그러나 저 주장들이 공론장에서 감염병 전문가의 의견과 대등하게 취급된다면 어떨까? 아감벤의 말을 좇아 '진정한' 정치를 요구하며 모두가 마스크 거부 운동을 벌이면 어떤 일이 벌어질까? 민주주의는 정치적 권리의 평등을 보장하는 체제지만, 모든 의견의 평등을 보장하는 체제가 아니며 그래서도 안 된다. 만약 후자가 관철된다면 우리는 공교육 교과서에서 진화론과 지적 설계론을 똑같은 비중으로 가르쳐야 한다는 결론에 다다르게 된다.

'설마 저런 주장들이 무슨 영향이 있겠냐'며 대수롭지 않게 여길 이들도 있을 게다. 그들에게 이렇게 말하고 싶다. "고개를 들어 김어준을 보라." 그는 'K값' 운운하는 대선 개표 조작설을 제기해 공론장을 엉망진창으로 망가뜨려 놓고, 또 수많은 음모론들이 대부분 오류로 드러난 후에도 일말의 사과 없이 방송 활동을 이어가며 맹활약 중이다. 이후 김어준을 벤치마킹해 개표조작설을 제기하는 극우세력을 보면서, 우리는 '김어준이라는 독'이 얼마나 무시무시한지를 생생히 목격했다. 특히 유튜브 전성시대가 도래하며 수많은 '김어준들'이 원본의 존재감을 위협할 기세로 증식하고 있다. 이제 김어준은 고유명사가 아니라 일반명사다.

지옥으로 가는 길은 선의로 포장되어 있다고 한다. 물론 선의로 포장된 길이 모두 지옥으로 가는 길은 아닐 테지만, 지난 역사는 검증과 성찰을 생략한 집단적 정의가 거의 반드시 지옥문을 열고야 말았음을 보여준다. 그것은 민주주의가 아니다. 그저 지적 퇴행일 뿐이다.

옳음은
어떻게 추구되어야 하는가

2020-11-12

각자의 옳음은 다를 수 있다. 누군가는 정치를 타협의 예술이라 했지만 그 이전에 정치란 옳음의 경쟁이다. 더 나은 사회를 향한 비전을 겨루는 것이다. 하지만 다양한 옳음들은 일관되게 추구되어야 빛을 발한다. 어떤 숭고하고 아름다운 가치든 간에, 일관성 없는 옳음은 악취 나는 위선, 내로남불일 뿐이다.

거의 20년 가까이 된 일이다. 온라인에서 정치 논쟁으로 밤을 지새우던 시절이다. 어느 새벽, 그동안 쓴 글을 일별하던 나는 패닉에 빠졌다. 몇 달의 시차를 두고 같은 주제에 대해 거의 정반대 논지로 글을 썼음을 깨달은 것이다. 아찔했다. 나는 너무나 '자연스럽게', 거의 무의식적이라 해도 좋을 정도로 지론을 뒤집었고, 며칠이 지나도록 그 사실을 전혀 몰랐다. 기억상실도 아닌데 어떻게 그럴 수 있었을까?

이유를 곰곰 생각해봤다. 그리고 알게 됐다. 당시 혐오했던 지식인이 내가 지지한 정당과 정치인들을 폄하했는데(그가 누군지는 중요하지 않다), 내 글은 그 반박이었다. 그런데 상대를 '밟아놓겠다'는 생각이 지나쳐서 논리가 꼬여버렸다. 논리만 꼬인 게 아니라 지지하는 당과 정치인을 잘못된 방식으로 옹호하고 말았다. 하찮은 증오 때문에 내가 견지하던 가치를 저버렸단 사실이 너무나 부끄러웠다. 이 일을 겪고 나는 더 이상 자신의 분별력을 믿을 수 없게 됐다. 정치적 사안을 두고 정념에 휩싸여 폭주하지 않도록 스스로를 묶어둘 닻이 필요하단 생각이 들었다. 그래서 세 가지 원칙을 만들었다.

첫째, '지도자와 조직이 아닌 대의를 좇아라.' 정치 이슈에서 절대적·보편적인 진리는 있을 수 없으며 결국 우리는 하나의 편파적 입장에 설 수밖에 없다. 하지만 그렇다고 진영논리가 유일한 선택지는 아니다. 진영논리는 이념이나 가치가 아니라 '우리 조직과 지도자의 유불리'가 기준이다. 이런 부족주의적 사고회로 속에서 비판이나 이견은 '내부 총질'로 낙인찍힌다. 반면 여기서 말하는 편파적 입장으로서의 대의는 당파성이다. 당파성은 가치 중심이다. 그러므로 핵심 가치가 무너지면 얼마든지 격렬한 내부 비판이 나온다. 이 원칙의 가장 큰 의미는 이성에 기반한 토론과 합의를 북돋는 데 있다. 민주사회의 구성원은 부족원이기 이전에 시민이기 때문이다.

둘째, '대의와 인간이 상충할 때 인간을 택하라.' 여기에서 '인간'은 정치지도자, 위인, 명망가 따위가 아니라 나와 같은 보통 사람, 약자, 소수자다. 억압과 착취에 시달리는 사람일수록 진보적 가치에 적대적인 경우가 적지 않다. 진보적 가치를 추구하는 이유는 이들을 고통스럽게 하는 사회적 조건을 바꾸기 위해서인데 정작 그 가치들, 예컨대 인권, 페미니즘, 생태주의 등에 그들이 거부반응을 보일 때 어떻게 해야 하는가. '낙후'된 대중은 포기해버리고 말 통하는 사람끼리만 정치를 해야 할까? 그렇지 않을 것이다. 당파성이나 대의를 다소간 유보하더라도 함께 어깨를 겯는 것이 먼저다. 연대를 위해 대의를 전부 포기할 수는 없겠지만, 적어도 그 잣대는 기득권자나 강자를 향할 때보다 훨씬 관대해야 한다. 이 원칙은 첫 번째 원칙의 예외이자 부족주의의 장점(공감과 결속)을 살리기 위한 것이다.

셋째, '사실관계가 모호할 때는 약자의 편에 서라.' 대부분의 공적 사건들은 언론의 취재 대상이다. 경쟁하는 여러 매체의 보도를 종합하면 사건의 윤곽이 빠른 시간 안에 거의 드러난다. 문제는 팩트 자체를 알기 어렵거나 빠른 시간 안에 알 수 없는 경우다. 대표적인 게 권력자의 성폭력 사건이고, 그 밖에도 팩트가 잘 드러나지 않은 사건이 있을 수 있다. 당사자의 권력관계에서 누가 강자이고 약자인가는 대체로 명백하다. 열에 아홉, 공격받는 쪽은 약자다. 강자의 명성과 인맥은 이런 위기에서 엄청난 위력을 발휘한다. 또한 강자는 선망적 동일시의 대상이기 때문에, 처지가 비슷한 다른 약자들조차 일면식 없는 강자한테 감정이입해 약자를 때리기도 한다. 이럴 때 필요한 원칙이 바로 약자 편에 서는 것이다. 그럴 용기가 없다면 차라리 침묵하라. 하지만 중립이나 양비론을 공공연히 선언하는 형태로 강자를 편들지는 말아야 한다.

각자의 옳음은 다를 수 있다. 누군가는 정치를 타협의 예술이라 했지만 그 이전에 정치란 옳음의 경쟁이다. 더 나은 사회를 향한 비전을 겨루는 것이다. 하지만 다양한 옳음들은 일관되게 추구되어야 빛을 발한다. 박정희적 가치든, 노무현적 가치든 어떤 숭고하고 아름다운 가치든 간에, 일관성 없는 옳음은 악취 나는 위선, 내로남불일 뿐이다. 더 나은 사회의 꿈이 냉소와 조롱의 대상으로 전락하는 것. 그게 바로 정치의 종말일 것이다.

세대 교체와 성분 교체

2019-12-23

한국 정치는 물론 지금보다 훨씬 젊어져야 하지만 단순히 생물학적 젊음을 정치개혁의 목표로 오인해선 곤란하다. 그보다 훨씬 중요한 것은 '엘리트-자산가-장·노년층 남성'으로 획일화된 지금의 정치 주도 집단을 근본적으로 바꿔내는 것이다. 요컨대 한국 정치에 진정으로 필요한 것은 '세대 교체'라기보다 '성분 교체'다.

핀란드의 신임 총리 산나 미렐라 마린이 서른네 살의 여성이란 뉴스가 큰 화제였다. '우린 언제나 저런 정치를 보게 될까' 한탄하며 부러워하는 사람들도 있었고, 그런 사람들을 향해 "총리의 나이에만 주목하지 말고 핀란드라는 나라가 젊은 정치인을 키워내는 방식에 주목해야 한다"며 정치인 재생산 구조를 지적하는 이들도 있었다.

정치인 재생산 구조가 더 본질적 문제라는 주장은 타당하다. 한국에선 서른네 살 샐러리맨이 본부장 직함만 달아도 파격이란 소리가 나온다. 고위 공직에 오른다면 말할 것도 없다. "새파랗게 젊은 애가 뭘 안다고" 소리가 당장 튀어나올 게 뻔하다. 당연히 서른네 살 총리는 그야말로 경천동지할 사건이다. 있을 수도, 상상할 수도 없는 대파격이다.

하지만 핀란드에서는 그렇게 놀라운 사건이 아니다. 물론 핀란드에서도 드물게 젊은 총리이긴 하나 그렇다고 무슨 정치 신인이 갑자기 총리가 된 것도 아니기 때문이다. 핀란드에서는 열다섯 살부터 정당 선거에 참여할 수 있고 많은 청소년이 10대 중반에 이미 현실정치를 접한다. 그렇기에 꾸준히 정당 활동을 했다면 30대 중반에 경력 20년의 중견 정치인이 되는 셈이다. 핀란드만이 아니라 유럽 사민주의 국가에서 30대 장관은 너무 많아 뉴스거리조차 못 된다.

또한 주목해야 하는 것은 성별이다. 마린 총리는 여성이면서 성소수자로 동성 반려자와 함께 아이 한 명을 기르고 있다. 총리 개인뿐만 아니라 그가 꾸린 내각 전체에도 주목해야 한다. 마린 내각 전체 열아홉 명 장관 중 열두 명(63퍼센트)이 여성이다. 부총리 겸 재무장관에 서른두 살인 카트리 쿨무니, 교육장관에 서른두 살인 리 안데르손, 내무장관에 서른네 살인 마리아 오히살로 등 최연소 총리보다 더 젊은 장관들이 주요 부처 장관으로 임명됐다. 경제협력개발기구 회원국의 여성 장관 비율이 평균 20퍼센트대임을 감안하면, 핀란드는 두세 배나 되는 셈이다. 이 역시 핀란드에선 엄청난 파격이라 하기 어렵다. 핀란드는 1906년 유럽 최초로 여성에게 참정권을 부여한 나라이며, 그동안 수많은 여성 의원, 장관, 총리를 배출해왔기 때문이다.

눈여겨볼 점은 또 있다. 마린 총리는 가난한 싱글맘 가정 출신이다. 생활고가 심해 열다섯 살부터 빵 포장회사에서 일하고 잡지 배달을 해야 했다. 어렵게 진학한 대학의 학비 대출금을 갚기 위해 대학을 다니며 영업사원 일을 병행했다. 청년 마린은 가장 가난한 노동자였다. 그는 최근 자신의 홈페이지에 이렇게 썼다. "제가 이 자리에 설 수 있었던 건 핀란드의 복지체계와 용기를 준 교사들 덕분입니다."

이런 점들을 고려하면, 젊은 정치인을 키워낸 시스템에만 주목하는 건 지나친 축약이고 왜곡일 수 있다. 단지 젊은 정치인을 많이 공급하는 거로 따지면 일본이 오히려 한국보다 나을 수 있다. 일본에서는 아버지 또는 할아버지 지역구라는 이유만으로 아들과 손자가 손쉽게 의원으로 당선되곤 한다. 글자 그대로 '세습정치'가 판을 치고 있는 것이다.

새로 당선된 정치인은 젊다. 그러나 그들이 과연 평범한 서민을 대변할까? 한국 정치는 물론 지금보다 훨씬 젊어져야 하지만 단순히 생물학적 젊음을 정치개혁의 목표로 오인해선 곤란하다. 그보다 훨씬 중요한 것은 '엘리트-자산가-장·노년층 남성'으로 획일화된 지금의 정치 주도 집단을 근본적으로 바꿔내는 것이다. 요컨대 한국 정치에 진정으로 필요한 것은 '세대 교체'라기보다 '성분 교체'다.

오해 말자. 이는 세대 교체를 정치개혁과 동일시 말라는 뜻이지 세대 교체가 불필요하다는 의미가 아니다. 성분 교체와 세대 교체는 대립하지 않는다. 그 둘은 같이 가며 또 그래야 한다. 세대 교체는 성분 교체의 효과적인 지렛대 내지 출발점으로 활용될 수 있다. 늙은 기득권 집단은 이 사실을 본능적으로 느끼고 있다. 그래서 종종 그 공포심을 공적 지면에 배설한다. "18세는 '포퓰리즘 면역항체'가 없으니 선거권을 주면 안 된다"고 주장하는 《조선일보》 김광일 논설위원 같은 자가 좋은 예다.[36]

김광일의 논리로 치면, 유튜브 가짜뉴스를 맹신하고 성조기 흔들고 다니며 폭력을 일삼는 노인들의 선거권은 박탈되어야 한다. 그들은 '포퓰리즘 면역항체'가 없는 수준을 넘어 일상생활이 불가능한 심신미약 상태 아닌가. 그러나 민주주의자는 그런 식으로 반박해선 안 된다. 그것은 우열의 논리로 인간을 차별하는 엘리트주의이며 반민주주의인 까닭이다.

진정한 민주주의자는 권리를 확장하는 사람이며, 평등을 지향하는 사람이다. 그렇기에 권력의 자격을 문제 삼기보다 권력의 독점을, 즉 권력 구조를 문제 삼는다. 또한 그렇기에 민주주의자는 지배하는 자와 지배받는 자의 일치를 꿈꾼다. 민주주의의 이런 본질을 어떤 학자보다 명석한 언어로 깨우쳐준 이는 미국의 페미니스트 시인 준 조던이다.

We are the one we've been waiting for.
우리가 기다린 건 바로 우리다.[37]

조국 사태는
당신이 누구인지 말해준다

2019-09-09

세상 모든 일이 그렇듯 조국 사태 역시 다면체多面體다. 당신과 나는 조국 사태의 다양한 측면 중 어디를 주로 바라보고 있을까? 각자의 대답은 다를 수 있다. 한 가지 분명한 건, 조국이라는 이름의 다면체 중 어느 면에 주목하는가가 당신이 어디에 서 있는지를 말해준다는 점이다.

지난 한 달 동안 너무나 많은 관련 보도와 칼럼이 쏟아져 나왔다. 그럼에도 여전히 정리되어야 할 부분이 남아 있기에 글 하나 더 보태기로 한다. 누군가에게 조국 사태는 '불법도 아닌 가족 문제에 대한 수구세력·검찰·언론의 광기 어린 물어뜯기'로 정의된다. 그러나 또 누군가에게 이 사태는 '위선적 강남좌파의 불공정한 기득권 세습 행태'로 요약된다. 많은 이들이 자신이 주목하는 면이 본질이며 나머지는 현상에 불과하다고 주장한다. 다소 플라톤주의적인 생각 같긴 하지만 여기서 그걸 가지고 철학 논쟁을 할 생각은 전혀 없다.

아마 당신이 옳을 것이다. 그러나 다른 이에겐 틀렸을 것이다. 세상 모든 일이 그렇듯 조국 사태 역시 다면체多面體다. 여러 면들을 지니고 있다.

먼저 짚어야 할 면은 사태의 반인권성 내지 야만성이다. 법무부장관은 중요한 공직이며 공개적으로 검증받는 건 당연하다. 하지만 그렇다고 검증에 한계가 없는 건 아니다. 누군가의 미성년 시절 생활기록부를 본인 양해 없이 공표할 권리는 누구에게도 없다. 설령 그 사람이 살인 용의자라 해도 마찬가지다. 그런데 주광덕이라는 자가 태연하게 후보자 딸의 생활기록부를 공개했고 일부 기자는 그걸 받아 적었다. 어떤 논리로도 정당화될 수 없는 잘못이다. 이런 잘못이 향후 되풀이되지 않도록 제도와 풍토가 어떤 형태로든 개선되어야 마땅하다.

다음으로는 '기레기'라는 말로 상징되는 언론 문제가 있다. 조국 사태 관련 기사가 70만 건에 이른다거나 심지어 120만 건에 달한다는 주장이 웹에서 크게 회자되었다. 이들 주장은 조국 후보가 터무니없이 과도하게 공격받고 있음을 강조한다. 유사한 맥락에서 '한국언론사망' 검색어가 실시간 검색 순위에 오르기도 했다. 이 문제는 앞서의 반인권성, 야만성과 뒤섞여 언급되곤 하지만 따져보면 사실 다른 문제다.

조국 관련 기사의 양量에 대한 부분, 조국 보도가 수십만 건에서 심지어 1백만 건에 이른다는 주장은 팩트부터 틀렸다는 지적이 나온다.《미디어오늘》이정환 대표가 본인 페이스북에 올린 조사 내용에 따르면 "네이버에서 조국+후보자로 1개월을 검색하면 894,107건이 나오는데 네이버의 기사 집계에 문제가 있거나 애초에 정확하지 않을 가능성이 크다"고 한다. 또 이 대표는 "방송통신이 37만 건이나 된다는 것도 이상하다"면서, "기사가 많은 연합뉴스와 뉴시스, 뉴스1이 각각 4,243건, 4,236건, 3,341건밖에 안 된다"고 지적했다. 이정환 대표는 "네이버 기사 검색이 무슨 이유에서인지 10배 이상 부풀려진 것 같다"면서, 다음daum 검색에 나타난 6만8백여 건 정도가 실제에 가깝지 않겠냐고 말한다.

물론 6만 건도 적지 않은 수다. 하지만 조국 사태에 대한 시민들의 관심이 유례없이 뜨거웠음을 감안하면 그 정도 수치는 나올 수 있다. 물론 소위 보수세력의 언론플레이는 늘 그랬듯 상수로 존재하며 이번에도 여지없이 작동했다. 하지만 그것만으로 도저히 설명할 수 없을 정도로 여론이 크게 출렁인 것도 사실이다. 대통령 코어 지지층이 결집하는 움직임과 동시에, 상당수 부동층과 대통령 지지자가 실망하거나 돌아서는 현상도 나타났다.

여기에 더해 하나 더 이유를 꼽자면 일종의 인지편향도 영향을 끼쳤을 수 있다. 누구나 아는 유명한 언론계 속담을 떠올려보자. 개가 사람을 물면 뉴스가 안 되지만, 사람이 개를 물면 뉴스가 된다. 유서 깊은 '차떼기당'의 후예인 어느 정치인이 또 비슷한 짓을 했다는 보도는 사람들 관심을 그다지 끌지 못한다. 화는 나지만 기사를 꼼꼼하게 읽어볼 생각조차 안 든다. 'OO당이 OO당 같은 짓 했네'라며 넘어가는 게 태반이다. 반면, 평소 입바른 소리 잘하고 청렴해 보이던 인사의 허물이 드러나면? 정치면이라면 거들떠보지도 않던 사람들까지 기사를 찾아 읽는다. "와, 그렇게 안 봤는데 뒤에서 호박씨를 이렇게 깠어?" 운운. 특히 '위선자 프레임'은 엄청난 위력을 발휘한다. 한번 위선자로 찍히면 같은 잘못을 하거나 심지어 훨씬 경미한 잘못을 하더라도 상대적으로 더 심하게 가중처벌받곤 한다.

그런데 기사의 양 외에 기사 내용, 질質도 기레기 담론의 중요한 축이다. 확실히 일부 언론의 보도는 극히 악의적이고 저열했으며, 따라서 자체로 사태의 야만성을 보여주는 사례였다. 하지만 그런 보도만 있는 것은 아니었다. 조국 후보에 비판적이라 할지라도, 언론별로 논리와 논조는 제각각이었다. 《한겨레》의 경우, 편집국장이 조국 사태 보도를 일방적으로 '톤다운'하는 등의 일이 반복적으로 일어나자 주니어 기자들이 국장단 사퇴를 요구하는 성명까지 냈다. 지난 한 달 주요 언론사의 사태 관련 보도 내용을 꼼꼼하게 분석해보면 아마 차이는 더 명확히 드러날 것이다. 특히 딸 입시에 모든 이목이 쏠린 와중에도 법무부장관 공약이 가진 문제점을 조목조목 짚은 언론매체들이 있었다는 점은 기억되어야 한다.

이렇게 언론사별로 보도의 내용과 톤이 달랐기 때문에 조국 사태를 두고 '한국언론사망'이라는 말로 싸잡아 비난하는 건 타당하지 않다. 조·중·동이 잘못한 건 조·중·동을 비난하고, 《한겨레》와 《경향신문》이 잘못한 건 《한겨레》와 《경향신문》을 비난하면 된다. 이건 일반론이다. 그런데 지금 한국 사회에서는 일반론이 통하지 않는다. 그 기저에는 노무현 전 대통령의 죽음이라는 집단 트라우마가 놓여 있다.

이른바 친노·친문 세력에게 '논두렁 시계'로 상징되는 당시의 언론보도는 노 전 대통령을 죽게 한 결정적 흉기였다. 그 점에서 소위 진보언론은 조·중·동과 똑같다. 아니, 어떤 면에선 진보언론이 더 나쁜 놈들이다. 조·중·동이야 원래 기대도 안 했지만 진보언론은 같은 편인 척, 진보인 척 위선을 떨다 노무현 등에 칼을 꽂았기 때문이다. 이들 언론은 진보를 참칭하면서도 문재인 정부를 돕기는커녕 사사건건 트집을 잡아왔을 뿐 아니라 노무현의 친구 문재인이 가장 신뢰하는 이를 또다시 물어뜯고 있다는 것이다. 여기서도 '위선자 프레임'은 여지없이 작동한다.

그러므로 조국 사태에서 '언론' 문제처럼 보이는 것은 언론, 그러니까 언론학자들이 연구하는 저널리즘 이슈가 아니다. 이것은 언론 문제라기보다 정치 문제이며 구체적으로는 어떤 시대, 어떤 세대, 어떤 집단의 정치적 열망과 상처에 관한 문제다. 나는 그 진정성을 추호도 의심하지 않는다.

진정성은 시대적·세대적 공통 경험 속에서 엄청난 힘을 발휘하지만, 반대로 그 공통 경험 속에 편입되지 않거나 못한 사람에게 호소력을 발휘하지 못하기도 한다. 특히, 국정농단 사태 당시 최순실과 그 딸에게 분노했던 많은 대학생들이 이번 조국 사태에도 강한 반감을 드러낸 데 비해 기성세대, 그중에서도 50대 이상 진보 성향 장년층은 당시와 완전히 상반된 반응을 보였다는 점은 매우 중요하다.

사안이 다르기 때문에 당연히 조국 후보를 최순실과 동일 선상에 놓을 수는 없다. 그러나 어쨌든 조국의 딸 사례가 불공정하다는 인식은 대학생들 사이에도 상당히 널리 공유된 게 사실이다. '조국 퇴진' 촛불은 최순실 경우와 비례 평가되어 지금 숫자로 나타났다고 봐도 무리가 없다. 적어도 대학생들은 일관되게 공정성 침해에 대한 반감을 드러냈다고 볼 수 있다. 혹자는 대학생들이 자유한국당 등 극우세력에 선동당해 촛불시위에 나섰다고 폄하했지만 거의 모든 여론조사에서 대학생의 반자한당 정서는 기성세대보다 크면 컸지 결코 작지 않다는 점을 다시 강조해둔다. 반면 진보 성향 50대가 조국 사태에 보인 반응은 지금 청년들 눈에 어떻게 비쳤을까. 그야말로 내로남불로 보이지 않았을까.

조국 사태라는 다면체는 이러한 한국 사회의 세대적 분절뿐 아니라 계급적 분절 또한 적나라하게 드러냈다. 이를 가장 극적으로 보여준 사건들이 셋 있었다. 감히 '가장 결정적인 세 장면'이라고 이름 붙이고 싶다. 하나는 서울대·고려대 학생들이 조국 사퇴를 요구하며 내건 요구사항들, 다른 하나는 경북대학교 총학생회의 성명서, 마지막은 노동자단체 '청년 전태일'이 주최한 '조국 후보 딸과 나의 출발선은 같은가' 대담회에서 나온 발언들이다.

서울대와 고려대 학생들의 요구는 '조국 딸에 대한 전면 조사와 조국 후보 사퇴'였다. 경북대 학생들의 요구는 달랐다. "이건 조국 후보만의 문제가 아니다. 고위공직자 전수 조사하고 입시제도 전면 재검토하라!" 한편 '청년 전태일' 대담회서 발언한 청년들의 목소리는 이들 두 집단과도 또 달랐다. "대학을 일찌감치 포기한 채 열아홉 살 때부터 노동을 해야만 했던 우리에게는 논문이니 입시제도 같은 것조차 딴 세상 이야기이다. 아무리 노력해도 따라잡을 수 없는 출발선에 청년들은 분노한다."

어느 사회든 신분 피라미드 최상층부는 평등을 요구할 필요가 없는 집단이다. 이해관계는 명확히 인식하는 편이지만 특권이 숨 쉬듯 자연스러우니 질투도 별로 없다. 화가 나려면 뭘 좀 알고, 자녀 교육에 적지 않은 자원을 투입해본 계층이어야 한다. 시쳇말로 조금은 '비벼볼' 구석이 있어야 하는 것이다. 그러므로 조국 사태에 가장 격렬하게 분노하는 집단은 큰 틀의 중산층-상대적 고학력자일 수밖에 없다. 피라미드의 상부와 중간층에 속한 이들은 교육을 통한 지위 상승 욕망과 능력주의 성향이 가장 강하다. 자기 성취가 온전히 자기 재능과 노력 덕분이라 여기는 비율도 높기 때문에 이들은 진정으로 분노해서 조국 사퇴 시위에 나갔을 공산이 크다. 전설적 미식축구 코치 배리 스위처는 이런 사람들을 절묘하게 묘사한 적이 있다. "어떤 사람들은 3루에서 태어났으면서도 자신이 3루타를 친 줄 안다." 반면 피라미드 최하층부는 조국 같은 사람들이 보여준 '합법적 세습 곡예'를 별나라 얘기처럼 느낀다. 너무 아득히 떨어져 있는 귀족놀음인지라 실감도 없고, 따라서 그렇게까지 화도 나지 않는 것이다.

비슷한 시기 쏟아져나온 대한민국 청년들의 목소리임에도 그 목소리들은 전혀 동질적이지 않았다. 같은 대학생임에도 서울대·고려대와 경북대 사이의 거리는 사뭇 멀고, 대학생과 노동자 사이의 거리는 더욱 멀었다. 바로 이 차이, 이 거리감이야말로 조국 사태에서 진정 주목해야 할 대목이다. 모두의 고민과 논의가 출발해야 할 지점 역시 입시제도 따위가 아니라 바로 여기, 이토록 다른 청년들의 기회 구조여야 한다.

유감스럽게도, 이 결정적 장면들이 진지한 사회적 논의로 연결되기 전에 86세대 특유의 정치적 기동이 먼저 튀어나왔다. 지방대 학생들과 청년 노동자를 입에 올리며 서울대·고려대 학생들을 비난하기 시작한 것이다. 평소 지방대 학생의 처지에 관심조차 없던 자들이, "공부 안 하면 저렇게 된다"며 노동자를 멸시하던 자들이, "세상이 바뀌었는데 아직 데모나 하는 정신 빠진 새끼들"을 욕하던 자들이

'학벌 기득권'과 '노동'과 '운동'을 운운하며 대학생을 준열히 꾸짖는 광경은 그로테스크하다 못해 구토를 일으킬 지경이었다. 빈곤의 비참도, 모욕당한 노동도, 사회적 불평등도 모두 그들에겐 진영논리의 도구에 불과했다.

조국 사태에서 가장 과소하게 언급된 문제가 바로 조국 후보가 내세운 정책이다. 검찰개혁에 버금갈 정도로 중요한 부분이었고, 그래서 몇몇 전문가와 일부 언론이 문제 제기도 했으나, 사실상 묻혀버린 쟁점이다.

8월 20일 발표한 정책공약집에서는, "정신질환자에 의한 강력사건이 국민들 일상의 안전을 위협한다"며 진한 글씨로 강조하는 등 정신질환자에 대한 편견을 부추길 뿐 아니라 실효 있는 대안도 제시하지 않았다는 항의가 잇따랐고, 전문가들 역시 심각한 우려를 표한 바 있다. 안전에 대한 시민의 불안감을 자극하는 데 정신질환자를 도구로 사용한 게 아니냐는 격앙된 반응까지 나왔다.

9월 6일 열린 인사청문회에서는 성소수자에 대한 조국 후보의 답변이 문제가 됐다. 조국 후보는 군형법 92조 6항에 대해 "군대 내 동성애는 영 내외 여부를 세부적으로 따져야 한다. 영내 동성애는 더 강하게 처벌해야 하고, 영외 동성애 처벌은 과하다"라고 답했다. 기본이 안 된 답변이었다. 동성애와 동성 간 성행위를 구분하지 않았을 뿐 아니라, 동성애 자체를 이성애와 차별해 낙인찍는 발언이었다. 동성애와 이성애를 구별하지 말고 영내 성행위를 처벌한다고만 답변했어도 충분했던 상황이었다.

'그 나물에 그 밥'인 검찰 출신 법무부장관이 아니라 진보 법학자 출신의 법무부장관이라면 그에 걸맞은 역량과 비전을 보였어야 했다. 딸 입시 문제를 차치하더라도, 조국 후보의 정책과 발언은 소수자를 포함한 많은 시민들의 기대에 미치지 못했다. 특히 정신질환자와 성소수자 입장에서는 실망을 넘어 환멸을 느낄 만한 발언들이었다.

조국 사태의 여러 측면 중 정치검찰 내지 검찰개혁 이슈도 중대하다. 이번 사태에서 드러난 검찰의 정치 개입은 도를 넘은 것이었고, 더 이상 검찰개혁을 미룰 수 없다는 경각심을 주기에 충분했다. 검찰개혁 문제는 전문가의 글도 많기에 이 글에서 새삼 논하지는 않아도 될 것 같다. 검찰개혁이라는 문제의식은 박근혜 국정농단 사태 당시 검찰의 행보를 향해서도 일관되게 적용되어야 옳다는 것 정도만 밝혀두기로 한다.

당신과 나는 위에 열거한 조국 사태의 다양한 측면 중 어디를 주로 바라보고 있을까? 속된 말로는 "어디에 버튼이 눌리는가?"라고 물을 수도 있겠다. 각자의 대답은 다를 수 있다. 한 가지 분명한 건, 조국이라는 이름의 다면체 중 어느 면에 주목하는가가 당신이 어디에 서 있는지를 말해준다는 점이다.

참고문헌 및 미주

1 베네딕트 앤더슨 지음, 서지원 옮김, 《상상된 공동체》, 길 2018; John Hartley, "Journalism and Popular Culture", *The handbook of Journalism Studies*(Routledge 2009).
2 백골단이 청바지에 흰 헬멧으로 상징됐다면 흑골단은 주로 검정색 옷을 입었고, 백골단보다 훨씬 잔인하게 시위대를 진압했다. 백골단에 비해 잘 알려지지 않았다.
3 '친목질'을 비하하는 말로서, 오프라인 친목 행위가 파벌을 형성해서 결과적으로 온라인 커뮤니티를 위협한다는 이유 등에서 생겨난 암묵적 철칙이다.
4 이한, 《조선, 시험지옥에 빠지다》, 위즈덤하우스 2024.
5 박정희, 《국가와 혁명과 나》(1963)에 수록된 자작시.
6 더글러스 러미스 지음, 이승렬·하승우 옮김, 《래디컬 데모크라시》, 한티재 2024.
7 기사와 관련한 유의미한 반론도 있다. 캔자스대 사회학과 김창환 교수에 따르면, 《파이낸셜 타임스》는 KGSS(한국종합사회조사) 자료를 활용했다고 했지만 어떤 방식으로 구체적 수치를 냈는지 밝히지 않았다. 이에 김 교수가 재현성에 의문을 품고 같은 KGSS 자료를 활용해 직접 검증한 결과 《파이낸셜 타임스》의 결과값 보다 남녀간 이데올로기 격차가 대폭 줄었다고 지적했다. (박소연, "20대 남녀 이념 차 "한국이 가장 최악" ... FT 분석 사실인지 따져보니", 《JTBC》 뉴스룸, 2024.2.10.)
8 〈일본 '국민주의'의 어제와 오늘〉, '지구화 시대의 연대와 소통' 국제학술대회, 전남대 BK21 철학교육사업단 2006.
9 후지하라 다쓰시 지음, 박성관 옮김, 《분해의 철학》, 사월의책 2022.
10 Francesco Sarracino & Fabio Sabatini, "Will Facebook save or

destroy social capital? An empirical investigation into the effect of online interactions on trust and networks"(2014).

11 자세한 논의는 《한국의 능력주의》(이데아 2021) 참고.
12 마이클 슈어 지음, 염지선 옮김, 《더 좋은 삶을 위한 철학》, 김영사 2023.
13 Adrian F. Ward et al., "Brain Drain: The Mere Presence of One's Own Smartphone Reduces Available Cognitive Capacity", *Journal of the Association for Consumer Research*, vol. 2, 2017.
14 국정브리핑특별기획팀, 《참여정부 경제 5년》, 한스미디어 2008.
15 〈참여정부와 삼성의 끈적끈적한 5년〉, 《한겨레21》, 2007년 11월호.
16 〈2018 한국 사회 공정성 인식 조사〉, 한국리서치(2018).
17 한국인의 모순적 인식과 학력 및 학벌 개념에 대해서는 《한국의 능력주의》 참고.
18 자세한 내용은 《한국의 능력주의》 참고.
19 《시사IN》 '20대 남자' 특집, 2019년 604~606호; 한국방송 '세대 인식 집중조사'(2021) 등 참조.
20 아서 코난 도일 지음, 백영미 옮김, 《셜록 홈즈 전집 1_주홍색 연구》, 황금가지 2002.
21 로널드 잉글하트·크리스찬 웰젤 지음, 지은주 옮김, 《민주주의는 어떻게 오는가》, 김영사 2011.
22 〈'주 5일제' 100년…코로나가 주 4일 근무 시대 앞당기나〉, 《한국일보》, 2021년 3월 6일.
23 한국개발연구원 KDI 정책포럼 자료, 〈근로시간 단축이 노동생산성에 미치는 영향〉, 2017년 11월.
24 유튜브 채널 '씨리얼', [이불속 인터뷰] 대선 후보가 우리 집에 놀러

왔다, 2017년 3월 25일.

25 김창환·김태호, 〈세대 불평등은 증가하였는가?_세대 내, 세대 간 불평등 변화 요인 분석, 1999~2019〉, 《한국사회학》, 2020.

26 〈'유시민 팩트 틀렸나' 조국 대리시험·국보법 파동 발언 논란〉, 《아시아경제》, 2020년 1월 4일.

27 〈서사과잉: 김어준씨의 경우〉, 《한겨레》, 2017년 7월 19일.

28 Pippa Norris & Ronald Inglehart, *Cultural Backlash*, Cambridge University Press 2019.

29 강남규, 〈정의당이 '노회찬 정신' 실종?〉, 《경향신문》, 2021년 7월 31일.

30 윤석민, 〈윤석열표 개혁의 시간이 왔다〉, 《조선일보》, 2023년 10월 27일. 얼마 후 이 글은 신문사 누리집에서 삭제됐다.

31 윤석열 대통령 취임사.

32 〈가사분야 외국인력 도입의 쟁점〉, 유엔 국제이주기구 한국대표부 IOM 이민정책연구원, 2015.

33 이런 현상의 근본 배경에 관해서는 《한국의 능력주의》 중 〈싱가포르와 한국, 그 닮음의 의미〉 참고.

34 서울대 사회발전연구소 기획, 장덕진 외 지음, 《세월호가 우리에게 묻다: 재난과 공공성의 사회학》, 한울아카데미 2015.

35 아비지트 배너지·에스테르 뒤플로 지음, 이순희 옮김, 《가난한 사람이 더 합리적이다》, 생각연구소 2012.

36 〈너는 늙어봤냐, 나는 젊어봤다〉, 《조선일보》, 2019년 12월 20일.

37 Jordan, June. (2005). The Complete Poems of June Jordan. Copper Canyon Press.

소개 도서 (저자 이름순)

고든 올포트 지음, 석기용 옮김,《편견》, 교양인 2020.
김만권,《외로움의 습격》, 혜다 2023.
김원영,《실격 당한 자들을 위한 변론》, 사계절 2018.
다나카 요시키 지음, 미츠하라 카즈미 그림, 김완 옮김,《은하영웅전설》,
    디앤씨미디어 2011.
더글러스 러미스 지음, 이승렬·하승우 옮김,《래디컬 데모크 라시》, 한티재
    2024.
디디에 에리봉 지음, 이상길 옮김,《랭스로 되돌아가다》, 문학과지성사
    2021.
로널드 잉글하트·크리스찬 웰젤 지음, 지은주 옮김,《민주주의는 어떻게
    오는가》, 김영사 2011.
레이 브래드버리 지음, 박상준 옮김,《화씨 451》, 황금가지 2009.
마이클 슈어 지음, 염지선 옮김,《더 좋은 삶을 위한 철학》, 김영사 2023.
미셸 마페졸리 지음, 박정호·신지은 옮김,《부족의 시대》, 문학동네 2017.
박권일,《한국의 능력주의》, 이데아 2021.
베네딕투스 데 스피노자 지음, 강영계 옮김,《에티카》, 서광사 2007.
베네딕트 앤더슨 지음, 서지원 옮김,《상상된 공동체_민족주의의 기원과
    보급에 대한 고찰》, 길 2018.
서경식 지음, 박이엽 옮김,《나의 서양미술 순례》, 창비 2002.
서경식·다카하시 데쓰야 지음, 김역윤 옮김,《단절의 세기 증언의 시대》,
    삼인 2002.
스테판 에셀 지음, 임희근 옮김,《분노하라》, 돌베개 2011.
아비지트 배너지·에스테르 뒤플로 글, 이순희 옮김,《가난한 사람이 더
    합리적이다》, 생각연구소 2012.
앨버트 O. 허시먼 지음, 강명구 옮김,《떠날 것인가, 남을 것인가_퇴보하는

기업, 조직, 국가에 대한 반응》, 나무연필 2016.
에이미 추아 지음, 김승진 옮김, 《정치적 부족주의》, 부키 2020.
우석훈·박권일, 《88만원 세대》, 레디앙 2007.
은유, 《있지만 없는 아이들_미등록 이주아동 이야기》, 창비 2021.
이철승, 《불평등의 세대_누가 한국 사회를 불평등하게 만들었는가》,
　　문학과지성사 2019.
장 폴 사르트르 지음, 지영래 옮김, 《닫힌 방. 악마와 선한 시》, 민음사 2013.
조르조 아감벤 지음, 박진우 옮김, 《호모 사케르》, 새물결 2008.
진태원, 《스피노자 윤리학 수업》, 그린비 2022.
프레데리크 그로 지음, 배세진 옮김, 《미셸 푸코》, 이학사 2022.
후지하라 다쓰시 지음, 박성관 옮김, 《분해의 철학》, 사월의책 2022.

우리가 기다린 건 바로 우리다

2025년 7월 30일 1판 1쇄

글쓴이 박권일
편집 최일주, 이혜정, 홍연진 | **디자인** 조정은 | **제작** 박흥기
마케팅 양영범 | **홍보** 조민희
인쇄 천일문화사 | **제책** J&D 바인텍

펴낸이 강맑실 | **펴낸곳** (주)사계절출판사 | **등록** 제406-2003-034호
주소 (우)10881 경기도 파주시 회동길 252
전화 031)955-8588, 8558
전송 마케팅부 031)955-8595, 편집부 031)955-8596
홈페이지 www.sakyejul.net | **전자우편** skj@sakyejul.com
페이스북 facebook.com/sakyejul | **인스타그램** instagram.com/sakyejul
블로그 blog.naver.com/skjmail

© 박권일 2025

사진
24쪽: 남성과 여성의 접촉_셔터스톡 | 32쪽: 한강의 책 트리_양영선 | 40쪽: 로렌스 섬유 파업 _작가 미상_위키미디어 공용 | 56쪽: SM 앞 트럭 시위, 카리나 씨 인스타그램 자필 사과문 _인터넷 갈무리 | 72쪽: 엔젤릭버스터 홍보 애니메이션, '메갈리아' 로고_인터넷 갈무리 | 84쪽: 글쓰기_셔터스톡 | 108쪽: 인간, 기계_셔터스톡 | 172쪽: 여성혐오 반대 문화제_위키미디어 공용©Garam(가람) | 220쪽: 서울지방법원 폭동_연합뉴스 | 256쪽: 이태원 참사 추모 공간_위키미디어 공용©*Youngjin | 272쪽: 서울의 아파트 숲_셔터스톡

값은 뒤표지에 적혀 있습니다. 잘못 만든 책은 구입하신 서점에서 바꾸어 드립니다.
이 책은 저작권법에 따라 보호받는 저작물이므로 무단 전재와 복제를 금합니다.
사계절출판사는 성장의 의미를 생각합니다.
사계절출판사는 독자 여러분의 의견에 늘 귀 기울이고 있습니다.

ISBN 979-11-6981-373-0 03330